GÉNÉRAL NICOLAS DE MONKÉVITZ

EX-CHEF D'ÉTAT-MAJOR DE LA 4ᵐᵉ ARMÉE RUSSE

LA DÉCOMPOSITION

DE

L'ARMÉE RUSSE

TRADUCTION ET PRÉFACE DE SERGE PERSKY

PAYOT & Cᶦᵉ, PARIS

106, BOULEVARD SAINT-GERMAIN, 106

1919

Un général russe raconte da
ce livre un horrible cauchema
une formidable tragédie: la d
bâcle de l'armée la plus nor
breuse que le monde ait vue.

LA DÉCOMPOSITION DE L'ARMÉE RUSSE

OUVRAGES DE SERGE PERSKY

Poésies, 1 vol (épuisé) . . . . Fr. 4 —

Tolstoï et Ibsen (conférences), 1 vol. . . . . . » 4 50

Tolstoï intime (avec portrait), 1 vol. · . . . » 4 50

Les Maîtres du roman russe contemporain (avec 8 portraits), 1 vol. (*Ouvrage couronné par l'Académie française.*) . . . . » 4 50

La vie et l'œuvre de Dostoïevsky (avec un portrait), 1 vol. (*Ouvrage couronné par l'Académie française.*) . . . . » 7 50

De Nicolas II à Lénine (1917-1918). 1 vol. . . » 5 —

TRADUCTIONS DE SERGE PERSKY

Romans et contes de Maxime Gorky :

Dans la steppe. — Caïn et Artème. — Hôtes d'été. — Esclaves. — Wania. — Une Confession. — En Prison. — L'Espion. — La Mère. — Dans le Peuple. — Une tragique enfance. — Contes d'Italie. — Ma vie d'enfant.

13 volumes à Fr. 4 50

Romans et contes de Léonide Andréief :

Le Gouffre. — Le Rire rouge. — Nouvelles. — L'Epouvante. — Les sept pendus. — Mémoires d'un Prisonnier. — Judas Iscariote. 7 volumes à Fr. 4 50

De Dmitri Merejkowsky :

La résurrection des Dieux. — Tolstoï et Dostoïevsky. 2 volumes à Fr. 4 50

Du docteur Veressaief :

Mémoires d'un Médecin. 1 volume à Fr. 4 50

Du Prince Ouroussof :

Mémoires. 1 volume à Fr. 4 50

Du comte Alexis Tolstoï :

Lieutenant Demianof. 1 volume à Fr. 4 50

GÉNÉRAL NICOLAS DE MONKÉVITZ

EX-COMMANDANT DE LA 71me DIVISION
EX-CHEF D'ÉTAT-MAJOR DE LA 4me ARMÉE

LA DÉCOMPOSITION

DE

L'ARMÉE RUSSE

MÉMOIRES D'UN GÉNÉRAL RUSSE

TRADUCTION ET PRÉFACE DE SERGE PERSKY

PAYOT & Cie, PARIS
106, BOULEVARD SAINT-GERMAIN, 106

1919

Tous droits réservés.

PRÉFACE

Nicolas de Monkévitz est un des plus jeunes d'entre les généraux russes.

Attaché à l'état-major de la IIIe armée, pendant la guerre russo-japonaise, il entra par la suite à la direction de l'état-major général à Pétrograde. Au cours de la guerre actuelle il fut décoré à cinq reprises et obtint notamment une des suprêmes distinctions : l'arme de Saint-Georges pour actes de bravoure personnelle. Lors de l'offensive, en mai 1916, à la tête de sa division, il réussit à deux reprises à forcer le Styr et le Stokhod.

Le général de Monkévitz, commandant la 71me division d'infanterie, participa à toute l'offensive Broussilof du printemps 1916 et fut envoyé ensuite en Roumanie, quand en automne, les affaires y prirent une mauvaise tournure. Au commencement de décembre 1916, après une dure marche forcée de 300 kilomètres, il entra en contact avec l'ennemi à Rymnik, et dès lors on le retrouve dans tous les combats livrés en Roumanie jusqu'à la fin de la guerre. En mai 1917, il fut nommé chef de l'état-major de la IVᵉ armée, qui opérait également en Roumanie. Il se démit de sa charge, le 1ᵉʳ décembre 1917, quand entrèrent en scène les comités bolchévistes et que le principe d'élection fut mis en vigueur. Ces comités ayant eu le cynisme de lui offrir le commandement de la IVᵉ armée, il refusa naturellement. Après quoi, il resta à la disposition du général Chtcherbatchef, commandant en chef du front roumain, et, jusqu'à la fin de juin 1918, s'occupa de sauver et de liquider le matériel abandonné par les déserteurs et les fuyards.

De même que Chtcherbatchef, le général de Monkévitz fut déclaré hors la loi par les commissaires du peuple, pour avoir refusé de reconnaître leur autorité, et comme lui également, traduit devant les tribunaux, par le gouvernement ukrainien, pour n'avoir pas consenti à attribuer à l'Ukraine la propriété de tout le matériel et des fonds du front roumain. Après une résistance opiniâtre, il parvint à faire reconnaître ce matériel par la Roumanie comme appartenant à la Russie et à l'empêcher de passer aux Allemands. Cela lui valut au surplus d'être cité devant une cour martiale, pour « dilapidation de biens ukrainiens ». La colère du gouvernement ukrainien de cette époque à son égard fut grande, car Monkévitz refusa catégoriquement de s'incliner devant le pouvoir que ce gouvernement s'arrogea sur le front roumain.

* * *

La carrière du général m'était déjà connue, lorsqu'en juillet 1918, il me fit l'honneur de venir me voir. J'avais devant moi un homme de grande taille, de 46 à 47 ans environ, les traits accusés, énergiques, moustache et cheveux en brosse, légèrement grisonnants, le regard exprimant à la fois la fermeté et la douceur. Bref, le type achevé du soldat.

Il arrivait de Roumanie par le train spécial qui a amené en Suisse le grand patriote roumain M. Take Jonesco et ses amis, ainsi que quelques représentants diplomatiques et militaires de l'Entente. La voix sourde, tremblante d'émotion et de colère contenue, il raconta ce que la révolution et les bolchéviks ont fait de cette admirable armée russe, qui s'est battue avec tant de courage durant trois années. Son visage se crispait de douleur en évoquant les traitements effroyables que les soldats excités par les agitateurs faisaient subir aux officiers. Et de quelle rage il était secoué en disant comment il avait été contraint d'abandonner la lutte, d'abandonner des amis, des alliés, la France à laquelle il avait donné son fils !

Ses projets? Se mettre à la disposition des Alliés, retourner si possible en Russie pour combattre les bolchéviks et chercher à collaborer à la mise sur pied d'une nouvelle armée russe. Mais auparavant il fallait se soigner un peu ; une contusion à la tête l'obligeait à prendre du repos pendant quelques mois. Et puis, il voulait revoir son jeune fils, soldat au Ier régiment de la Légion étrangère et combattant sur le front occidental [1].

Je l'engageai vivement à écrire ce qu'il avait vu et vécu. Emanant d'un chef hautement apprécié, d'un témoin oculaire, son récit ne pourrait qu'éveiller un grand et légitime intérêt. Il accepta et en novembre passé me remit ses mémoires.

*   *   *

Les mémoires du général de Monkéwitz forment le livre que voici, traduction aussi fidèle que possible du texte russe. On y assiste à la vie des troupes russes dès la révolution à nos jours, au drame affreux de la décomposition d'une des plus grandes armées du monde, dont la bravoure et l'abnégation étaient dignes de passer à la postérité. C'est, en outre, le tableau saisissant du mal dont souffre la Russie, de la honte qu'ont fait rejaillir sur elle des êtres,

---

[1] Deux mois plus tard, en septembre 1918, à la bataille au nord de Soissons, le jeune Monkévitz était blessé et grièvement brûlé aux yeux par les gaz asphyxiants. A l'heure où j'écris ces lignes, il est encore à l'hôpital militaire en voie de guérison.   S. P.

sans conscience, en s'aidant des bas instincts de la populace.

Si ce document de l'histoire d'aujourd'hui résume d'amères et tristes expériences, il contient aussi de précieux enseignements.

Janvier 1919.

Serge PERSKY.

UN MOT DE L'AUTEUR

Dans ces pages, je m'efforce de donner un tableau fidèle de ce qui s'est passé à l'armée russe après la révolution de 1917. Pendant toute la période qui suivit, je suis resté sur le front. Je ne l'ai pas quitté, même après la disparition de nos troupes, dont le riche matériel abandonné témoignait de leur activité antérieure ; j'ai vécu d'un bout à l'autre l'horrible cauchemar que fut la ruine de l'armée la plus nombreuse du monde entier. J'ose espérer que ces souvenirs serviront à l'historien futur qui retracera les événements d'une époque si douloureuse — jamais la Russie n'avait connu pareilles humiliations — et qu'ils seront de quelque utilité aux jeunes générations de ma patrie.

C'est sur le front roumain que je passai toute la dernière période de la guerre ; aussi m'occuperai-je surtout des péripéties qui s'y déroulèrent et qui furent à peu près identiques à celles des fronts russes. Ce choix m'oblige à consacrer un chapitre spécial à l'état des secteurs de Roumanie au début de l'année 1917, afin de placer les faits dans leur vrai jour.

CHAPITRE PREMIER

Les Russes viennent au secours des Roumains.

Comme on le sait, la fortune des armes ne sourit pas très longtemps à la Roumanie ; un mois après avoir pénétré victorieusement en Transylvanie, ses soldats commencèrent à subir des revers qui se succédèrent sans relâche, malgré la valeur réelle des troupes ; et l'armée roumaine, tout en se maintenant sur les montagnes à la frontière de la Moldavie et de la Hongrie, recula sur toute la ligne en Valachie ; en Dobroudja, les troupes russo-roumaines cédaient aussi sous la pression des forces sensiblement supérieures des Allemands, des Bulgares et des Turcs. Déjà après la chute de Bucarest, une importante partie de l'armée roumaine était dans de si fâcheuses conditions qu'il fallût la ramener à l'arrière, le quartier-général roumain n'ayant pas de réserves disponibles. Les choses prenaient une tournure critique et la Roumanie tout entière courait le danger d'être encerclée.

Le commandement suprême des armées russes vint

promptement au secours des forces roumaines épuisées et, dès le mois d'octobre 1916, il dirigea sans interruption des troupes sur le front roumain. Par malheur, ces renforts arrivèrent trop tard, car tout en étant rapidement transportés en chemin de fer par la Bukovine et la Bessarabie jusqu'aux frontières roumaines, ils ne pouvaient gagner le front à temps, les voies ferrées de la Roumanie ne se prêtant guère à l'acheminement de pareilles masses. C'est pourquoi une partie considérable des régiments russes lancés à la rescousse fut contrainte d'accomplir de pénibles marches forcées (de 300 kilomètres et davantage) dès les frontières septentrionale et orientale, et de livrer combat immédiatement, pour relever les régiments roumains exténués.

La division que je commandais à la fin de novembre 1916 fut retirée précipitamment du secteur de Kovel et en six jours put gagner par chemin de fer la frontière roumaine, à Bieltzi, puis à Oungeny ; de là déjà en formation de campagne, elle franchit en dix jours plus de 300 kilomètres, dans une boue affreuse, sous une pluie continuelle. Nous n'atteignîmes la ville de Rymnikoul-Serat que le 28 décembre, c'est-à-dire le jour où elle se rendit à l'ennemi. Cette même nuit, ma division fut envoyée sur la ligne de feu et, le lendemain, soutint un combat acharné contre les adversaires, que nous parvînmes à contenir.

A cette époque-là, sur tout le front depuis Rymnikoul-Serat jusqu'à la mer Noire, il n'y avait plus de troupes roumaines ; elles avaient été remplacées par des régiments russes. Au cours du trajet, nous rencontrâmes à chaque instant des unités roumaines en désarroi qui s'en allaient à l'arrière ; elles se composaient d'un très petit nombre de baïonnettes (éléments de combat) et d'une quantité innombrable de convois. Ces unités en retraite produisaient une impression à la fois pénible et réjouissante : pénible, parce que ces poignées d'hommes déguenillés et épuisés étaient les vivants témoins de dures épreuves et de défaites cruelles; réjouissante, parce que leur patriotisme, leur énergie morale, leur esprit guerrier étaient demeurés inébranlables ; la discipline était intacte. Il suffisait de converser avec eux pendant un instant pour être convaincu que, sous une bonne direction, ces troupes héroïques pouvaient parfaitement bien être reconstituées. La mission française du général Berthelot arrivée en Roumanie à la fin de 1916 l'a démontré, d'une façon brillante : au printemps 1917, de ces débris de l'armée roumaine, on avait pu former 15 divisions instruites et équipées à la perfection, qui, en juillet et en août 1917, donnèrent à l'adversaire la preuve de leur vigueur et de leur habileté.

Sur le reste du front, au nord de Rymnikoul-Serat, dans le secteur montagneux allant à peu près jusqu'au lit de la Trotoucha, les régiments de l'héroïque armée du général Averesco continuaient à tenir, renforcés par la cavalerie russe ; plus au nord, c'étaient de nouveau des combattants exclusivement russes.

Ici, il convient de noter que ces unités roumaines placées sous les ordres du vaillant Averesco, furent les seules (trois ou quatre divisions, je crois) qui demeurèrent face à l'ennemi sans aucune interruption pendant toute la durée de la guerre, et firent constamment preuve d'un héroïsme et d'une endurance remarquables. J'eus fréquemment l'occasion de rencontrer le général Averesco et ses troupes, qui prolongeaient notre droite ; on était frappé de leur discipline de fer, de leur organisation impeccable, de leur activité et de quantité d'autres qualités précieuses. Elles représentaient comme une armée spéciale au sein des forces roumaines. Le général Averesco lui-même, type classique du vieux guerrier, spirituel, avare de paroles, ne dédaignant pas le sarcasme, était extrêmement sympathique. Toute sa personne trahissait la confiance en soi-même et une volonté inflexible. Son état-major produisait également une excellente impression et se distinguait des autres états-majors roumains par le petit nombre d'officiers qui le composaient. Il est fort possible que si l'armée roumaine en son ensemble avait eu à sa tête le général Averesco, elle n'aurait pas subi des revers aussi effroyables. Par malheur, des raisons de politique intérieure, qui jouèrent un grand rôle dans ce pays, même pendant la guerre, ne permirent pas que cet homme remarquable fût nommé généralissime.

A la fin de décembre 1916, le front roumain étant presque entièrement défendu par des troupes russes placées avec leur général russe sous les ordres du roi de Roumanie, comme commandant en chef des armées, l'offensive de l'ennemi fut définitivement brisée après quinze jours de combats acharnés. La Moldavie tout entière, avec ses riches réserves de grain, fut préservée de l'invasion germaine.

Les troupes russes et l'armée roumaine du général Averesco s'établirent solidement, selon une ligne partant des frontières de la Bukovine et longeant la crête des Carpathes limitrophes de la Hongrie jusqu'aux sources de la Poutna, puis, suivant le cours de celle-ci, du Sereth et du Danube jusqu'à la mer Noire. Presque toutes les troupes roumaines, ainsi que nous l'avons vu, avaient été ramenées très loin, à l'arrière, en Moldavie septentrionale, où sous la direction des instructeurs français, elles se réorganisaient. Les troupes russes, elles, occupant des positions bien fortifiées, bien situées, se complétaient et se reformaient, après les combats qu'elles venaient de soutenir et se préparaient à la campagne de l'avant-printemps 1917.

CHAPITRE II

*La situation des troupes russes sur le front roumain
au début de l'année 1917.*

Le début de la révolution me trouva commandant
la 71e division d'infanterie, qui fit son devoir avec
loyauté et vaillance dès le commencement de la guerre,
en Galicie et dans les Carpathes orientales jusqu'en
automne 1915, puis en Volhynie, où elle prit une part
active à l'offensive du général Broussilof au printemps
1916. A l'automne de la même année, elle fut dirigée
en hâte sur la Roumanie, où, comme je l'ai dit, sans
prendre de repos après un long et pénible trajet, elle
entra immédiatement en lutte, le 28 décembre, à
Rymnikoul-Serat ; à ce moment-là l'ennemi, serrait
de près les Russes et les Roumains dans le secteur
au sud de la Poutna et du Sereth. Au prix de
combats sanglants et opiniâtres, les troupes russes
remplaçant peu à peu sur tout le front les régiments
roumains en débandade, parvinrent à arrêter l'avance
de l'ennemi sur la ligne de ces cours d'eau. Nous

nous y fortifiâmes et, aux premiers jours de notre néfaste révolution, nous étions dans un calme relatif depuis le 5 janvier 1917. Nous profitâmes de cette accalmie pour remettre en ordre nos effectifs et réviser notre matériel, qui s'était passablement usé pendant les marches forcées et les combats subséquents. Grâce au ravitaillement envoyé de Russie et au travail acharné effectué sur place, nous étions au commencement de mars tout à fait prêts à la lutte et, certains d'avoir la victoire ; nous attendions avec confiance ou l'attaque de l'ennemi ou notre propre offensive. Tout parlait en notre faveur : dans la division, le moral était excellent, nous étions sûrs de notre force ; les effectifs étaient au grand complet ; les exercices journaliers remédiaient aux lacunes dans l'instruction des renforts qui nous avaient été expédiés. Nous possédions une forte artillerie, bien au point. La nourriture était abondante ; chaque soldat recevait par jour 1200 gr. de pain, dont400 gr. de pain blanc, 400 gr. de viande, 100 gr. de lard, 1/8 de litre de vin, des légumes, du thé, du sucre, du tabac, etc. L'équipement était en bon état. Le typhus exanthématique et la fièvre récurrente qui sévissaient alors dans toute la Roumanie n'avaient atteint que très légèrement la division. Grâce à l'alimentation copieuse et à la sollicitude du personnel sanitaire, les cas de maladie furent en nombre infime ; les bains et les buanderies installés en grand nombre contribuèrent à maintenir nos hommes en bonne santé. Une fois par semaine au moins, les soldats prenaient un bain et recevaient du linge propre.

Inspectant presque tous les jours la position de ma division et les unités de la réserve, j'étais extrêmement satisfait du moral des soldats et de leur mine florissante.

Grâce à sa position très fortifiée, aux relèves régulières dans les tranchées et à la besogne efficace de sa puissante artillerie, ma division n'avait presque pas de pertes à déplorer, quoiqu'elle occupât un secteur long de 20 kilomètres. Tout concourait donc à créer des conditions favorables pour le renouveau d'activité guerrière sur laquelle nous comptions. En attendant, les hommes pouvaient souffler et se distraire. A l'état-major de la division, nous avions monté un petit théâtre qui n'était pas mal du tout et qui donnait trois représentations par jour : une partie cinématographique, une petite pièce et un divertissement, fort bien joué par une troupe composée de soldats-amateurs. Le théâtre était fréquenté journellement par 700 soldats environ, ce qui permettait à chaque homme de la division (qui en comptait plus de 20 000) de venir au théâtre, au moins une fois par mois. Par la suite, lorsqu'il fit plus chaud, les spectacles cinématographiques furent organisés en plein air pour tout un régiment à la fois. Trois mois après la révolution, le théâtre avec le cinématographe et tous les accessoires passèrent sous la juridiction du comité des députés divisionnaires ; ce fut la cessation immédiate de son activité ; la politique submergeait tout, même les plus modestes distractions à l'intention du soldat.

CHAPITRE III

Les premières semaines de la révolution.
L'attitude des troupes.

Telle était la situation dans notre division au commencement de mars 1917. Nous recevions assez régulièrement de Russie lettres et journaux ; et par les officiers revenant de permission, nous connaissions partiellement les émeutes qui se produisaient à Pétrograde à cause du manque de pain et de la cherté des vivres ; nous n'ignorions pas non plus que le mécontentement suscité surtout par les intrigues de cour, par les menées de Raspoutine et des autres vils personnages de l'entourage du tzar gagnait jusqu'aux classes supérieures de la société. Cependant, nous étions bien loin de penser que la révolution allait éclater avec tant d'affreuses conséquences. Personnellement, je me proposais de partir en congé à la mi-mars et j'attendais avec impatience le moment d'avoir quelques loisirs bien mérités, car, pendant toute la durée de la guerre, je n'ai eu que douze jours de vacances. Le sort en décida autrement : au lieu d'un tranquille congé, j'allais subir une série de cruelles épreuves morales.

Au matin du 16 mars 1917, le général Gavrilof, mon commandant de corps, qui se trouvait à 12 kilomètres au nord de l'état-major divisionnaire, m'appela au téléphone et me demanda de me rendre immédiatement auprès de lui au sujet d'une affaire dont il ne lui était pas possible de parler à l'appareil. Je montai dans mon automobile, persuadé que le commandant désirait me transmettre les ordres et les indications nécessaires en vue de l'offensive imminente. Je me munis donc de tous les plans, documents et cartes ; pendant le trajet, j'examinai diverses hypothèses et plans tactiques. J'avais laissé mon chef d'état-major et ses officiers animés des mêmes suppositions ; tous étaient en proie à l'élan d'exaltation qui nous envahissait toujours au moment de la bataille.

Mais il ne s'agissait guère d'un ordre d'attaque : mon commandant de corps me fit part des quelques informations vagues et fragmentaires qu'il venait de recevoir du grand quartier général et annonçant qu'une révolution politique s'était produite à Pétrograde.

Mes pressentiments m'ont rarement trompé dans la vie ; avant une bataille, j'ai presque toujours prédit exactement quelle en serait l'issue. Cette fois, nous n'avions que des nouvelles incomplètes et confuses ; on parlait d'émeutes ; le bruit courait que le pouvoir avait passé aux mains du comité exécutif de la Douma d'Empire, que le tzar abdiquait en faveur de son frère, etc., et cependant, je saisis très nettement que, si l'ordre n'était pas immédiatement rétabli dans la capitale et si une main ferme ne se saisissait pas du pouvoir, la Russie tout entière serait précipitée dans le gouffre. Ils étaient encore trop frais dans ma mémoire, les tristes souvenirs de ce que j'avais vu en 1905, lorsque je me trouvais en Mandchourie avec l'armée de campagne ; je savais ce qu'étaient ces comités soi-disant exécutifs, en réalité inexécutifs mais bavards ; je prévoyais quel océan de paroles oiseuses submergerait la révolution russe, et ce que deviendrait la grande masse des soldats quand pénétreraient en elle les principes de liberté proclamés par la révolution. En 1905, en Mandchourie, une seule presse « libre » (à cette époque-là, les propagateurs de la révolution ne faisaient pas encore de tournées dans l'armée) parvint en un laps de temps extrêmement court à métamorphoser une armée forte et disciplinée en une foule animée d'une seule pensée : regagner le foyer le plus vite possible. Pour le soldat, toutes les conquêtes de la révolution se réduisaient à la réalisation immédiate de ce désir. Tous les autres idéals généralement proclamés par les révolutionnaires étaient lettre morte pour lui ; il ne les comprenait pas. Pour moi, il était clair que le même fait allait se répéter à moins de l'intervention rapide d'une autorité décidée.

La situation ayant été discutée avec le commandant de corps, et en l'absence de toute information précise relative aux événements, ou d'ordres formels de la part du commandement suprême de l'armée, il fut décidé de ne pas rendre publiques ces nouvelles pour le moment, mais de faire connaître la situation à tous les officiers supérieurs du corps d'armée. En même temps, on résolut de prendre des mesures énergiques pour maintenir les unités en forme et dans la plus stricte discipline. Le commandant de corps décida également de préparer un communiqué aussi clair que possible qu'on publierait dans un ordre du jour si on recevait la confirmation officielle des événements annoncés.

J'étais sûr de mes soldats, aussi proposai-je séance tenante à mon commandant de corps d'informer le commandant en chef de l'armée que je me tenais prêt avec ma division à aller où l'on nous dirigerait pour rétablir l'ordre. Je ne sais pas si ma proposition fut transmise au quartier général, mais j'en doute ; par la suite, j'appris que le général comte Keller, un excellent tacticien commandant un corps de cavalerie, ayant fait une offre analogue, fut bientôt obligé de prendre sa retraite.

Accablé de sombres pressentiments, je revins le jour même à l'état-major divisionnaire ; je convoquai sur-le-champ les officiers supérieurs et leur communiquai ce que j'avais appris.

C'est le lendemain soir seulement, le 17 mars, qu'on reçut à la division la confirmation officielle de la révolution avec des précisions sur les célèbres manifestes du tzar et du grand-duc Michel Alexandrovitch, l'appel du comité provisoire de la Douma d'Empire et le renversement du gouvernement provisoire qui venait de se constituer.

Je donnai immédiatement l'ordre aux commandants des régiments d'expliquer les événements à leurs troupes ; accompagné d'un commandant de brigade, je me rendis à deux régiments qui se trouvaient non loin de mon poste, en arrière des tranchées, afin de communiquer personnellement aux hommes rassemblés les faits si graves qui venaient de se produire dans notre pays. Je voudrais retracer en détail les souvenirs de cette journée.

Vers 9 heures du matin, le 18 mars, le ...ᵉ régiment d'infanterie au grand complet forma les rangs, sur un vaste plateau, auprès de son secteur. C'était une merveilleuse journée de printemps, tiède et ensoleillée. Bien aligné, bien équipé, le régiment incarnait une de ces puissantes unités de combat qui, au cours de batailles longues et acharnées, firent plus d'une fois pencher victorieusement la balance de notre côté. Le régiment comptait alors plus de 3000 baïonnettes, 30 mitrailleuses, 8 lance-bombes, 8 lance-mines, un détachement d'éclaireurs à pied et à cheval, une escouade de téléphonistes munis de 50 kilomètres de fil et de 25 appareils. Ah! la belle troupe! Comme d'habitude, ce fut par un salut joyeux et affectueux que m'accueillit ce corps, dont j'étais très fier depuis quelque temps. Il faut dire que, recruté au moment de la mobilisation, presque exclusivement dans un district minier et industriel de la Russie méridionale et commandé pendant les deux premières années de la guerre par des chefs qui ne se montrèrent pas à la hauteur de leur tâche, ce régiment ne jouissait pas d'une réputation irréprochable au point de vue militaire. Lorsque je pris le commandement de la division, je lui consacrai une attention toute spéciale, et je pus immédiatement me convaincre que les vrais coupables étaient le commandant et quelques officiers supérieurs. Je remaniais aussitôt ses cadres et fis placer à sa tête un officier relativement jeune, mais de haute valeur. Dès les premiers combats qui suivirent, ce régiment fit preuve d'une bravoure exemplaire : durant tout l'été 1916, il fut chargé d'opérations très pénibles et les accomplit de brillante manière. Chose étrange, quoiqu'il fût l'objet des mesures les plus sévères, ses officiers et ses soldats me témoignaient une affection, une confiance, une sympathie toutes particulières.

Un silence sépulcral régnait. Dressé sur la selle de mon cheval et entouré d'une forêt de baïonnettes, je prononçai quelques paroles d'exorde, puis je lus les manifestes, la proclamation, l'appel et l'ordre du jour du corps ; enfin, m'efforçant de pénétrer au plus profond de l'âme des soldats, je les invitai de tout mon cœur, pour l'amour de la patrie, à considérer les événements avec calme et raison, à appliquer toutes leurs forces physiques et morales à obtenir la victoire sur l'ennemi. Je leur parlai des années terribles que la Russie traversa au commencement des XVIIe, XVIIIe et XIXe siècles et j'exprimai l'espoir que le peuple russe sortirait également triomphant de la nouvelle épreuve qui se présentait à lui : « C'est de vous, héros russes, dis-je, que dépendent la ruine ou le salut et la prospérité de la Russie ; seul le pays où domine le patriotisme possède le droit à une existence heureuse ; le pays où l'amour de la patrie est sacrifié à des passions dégradantes est voué à la ruine, il tombe sous la domination du plus fort... »

Mon petit discours terminé, et le silence régnant

toujours, je passai dans les rangs du régiment et je ne vis autour de moi que des figures graves et tristes. Il y avait des larmes dans bien des yeux ; on entendait même des sanglots. Ces hommes qui avaient pris part à tant de batailles, qui avaient subi les épreuves les plus cruelles, qui avaient l'habitude de voir autour d'eux la souffrance et la mort, ces hommes étaient profondément émus, les visages avaient perdu cet air de gaieté qu'ils avaient encore à mon arrivée ; mais je ne vis aucun symptôme de cette surexcitation dont les journaux de toutes nuances parlèrent tant pendant les premières semaines de la révolution. L'atmosphère autour de moi était accablante et tendue à l'extrême, comme c'est souvent le cas lorsque quelque orage est sur le point de se déchaîner ; je sentais les soldats violemment préoccupés de ce que je venais de leur dire.

A dater de ce jour-là, la mélancolie prévalut ; plus jamais je n'entendis le rire franc de mes hommes, leurs plaisanteries et leurs joyeux propos pendant les moments de repos. Tout cela disparut sans retour. Sous l'influence des articles d'une presse défaitiste et des orateurs révolutionnaires qui s'abattirent bientôt sur l'armée comme une bande de corbeaux, les soldats devinrent sombres, méfiants, puis irrités ; enfin, poussés par les discours incendiaires et insensés des meetings où l'on préconisait la haine des classes, ils arrivèrent à cet état d'abrutissement et de férocité qui marqua la perte définitive de l'armée russe, naguère si puissante.

En quittant le régiment ce jour-là, 18 mars, j'avais encore conscience de mon autorité sur lui. J'étais sûr qu'il me suffirait de prononcer un mot pour qu'il me suive comme un seul homme et obéisse sans discussion à n'importe quel ordre de ma part, au nom de cet amour pour la patrie que j'avais maintenu jusqu'en cet instant tragique... Ma division tenait une position de combat en face d'un ennemi redoutable qui était au courant des événements et s'en réjouissait. Notre devoir était d'offrir au pays natal le rempart de nos poitrines et de nos baïonnettes.

Mais de retour à l'état-major de la division, je sentis mon impuissance devant le désastre menaçant la Russie.

Bientôt le général-major Kantzerof, commandant de brigade, revint du cantonnement d'un régiment auquel il avait été communiquer les événements. Depuis trente-cinq ans, il servait dans l'armée, blessé trois fois au cours de la guerre et cité dans les ordres du jour; c'était un véritable héros. Et lui aussi rapportait les mêmes funestes pressentiments que moi.

CHAPITRE IV

*L'armée commence à se décomposer. — Les causes de
cette décomposition et la part qu'y prirent les principaux instigateurs de la révolution. — L'œuvre de
Goutchkof et de Kérensky en tant que ministres de
la guerre.*

Et pendant ce temps, comme nous l'apprîmes plus
tard par les journaux, dans la capitale et surtout à
la Douma d'Empire, les instigateurs de la révolution,
de quelque nuance qu'ils fussent, depuis le président
de la Douma jusqu'aux internationalistes, tous com-
mençaient à travailler à la destruction perfide de
l'armée, sans se rendre compte que l'anéantir équivalait à la ruine de la Russie. Je ne puis trouver
d'autre terme pour qualifier ce qui se passa pendant
les premiers jours de la révolution à Pétrograde : les
unités régimentaires quittaient leurs casernes sans
autorisation, avec ou sans officiers (on dit que ceux-
ci furent obligés d'obéir à leurs troupes) ; elles défi-
laient dans les rues sans autre but que de manifester

leurs tendances révolutionnaires et de montrer aux citadins effrayés les côtés négatifs de la liberté conquise. Dans l'édifice de la Douma d'Empire, ces foules armées rencontrèrent des gens qui, semblait-il, étaient le plus intéressés à conserver l'armée pour soutenir la patrie et la préserver de l'anarchie et de l'invasion ; et ce furent ces gens-là qui, en ces journées mémorables, firent tout ce qu'il était possible pour l'anéantir. A quoi pensait-il donc le premier ministre de la guerre, choisi parmi les hommes d'Etat, investi de la confiance du pays ? Lui, que si souvent avant la révolution, dans les commissions de la Douma d'Empire, j'avais entendu soutenir avec une brillante éloquence les intérêts de l'armée et de la défense nationale, qu'il avait toujours affirmé connaître à fond ? Ces hommes, qu'aux premiers jours de la révolution, nous avions considérés comme les sauveurs de la patrie et à qui nous en avions remis le destin en toute confiance, ces hommes, dans leur exaltation révolutionnaire et leur oubli total de la discipline, — base indispensable d'une armée, — ces hommes adressèrent aux troupes de la garnison de Pétrograde de telles harangues qu'en deux jours ils les transformèrent en bandes armées, dangereuses même pour eux. C'est avec une profonde irritation que j'ai lu ces discours de MM. Rodzianko, Milioukof, Goutchkof, Tchkhéidze, Kérensky, Tzeretelli, ainsi que le fameux ordre du jour n° 1 sur la déclaration des droits du soldat. C'est un crime de lèse-patrie que commettaient ces hommes. S'ils avaient été prévoyants, ils auraient compris que pour reconstituer la nation russe, il leur fallait une armée étrangère à la politique, une armée de patriotes, non une foule oisive, sans règle ni frein.

Sur le front, dans l'armée active, pendant les premières semaines de la révolution, grâce au vrai patriotisme, au tact politique et à la volonté consciente des chefs, les troupes restèrent une force organisée capable de défendre la patrie contre l'invasion et contre l'anarchie, mais les révolutionnaires voulaient les transformer le plus vite possible en bandes pareilles à celles de Pétrograde. Ils y sont très rapidement parvenus ; mais ils n'avaient pas prévu les conséquences. Ils croyaient que les troupes loyalistes du front étaient dangereuses pour eux, qu'elles pouvaient leur arracher le pouvoir et les conquêtes de la révolution. Or, au contraire, il s'est trouvé que tout cela leur a été arraché par la garnison de Pétrograde, pervertie par eux-mêmes.

* * *

Effectivement, pendant la première quinzaine, la révolution n'amena presque aucun changement dans la vie de ma division ; la discipline fut intégralement maintenue ; le service militaire s'accomplit tout comme avant ; les exercices se firent régulièrement. Il n'y eut que quelques cas d'indiscipline, provoqués par des soldats revenus de permission après la révolution et qui avaient déjà mordu au fruit de la liberté ou plutôt de la licence. Toutefois, ces cas de désobéissance isolés furent vivement réprimés et n'eurent pas de suites.

Mais la situation changea à vue d'œil sur le front dès que nous parvinrent les journaux contenant cet ordre du jour n° 1 du Soviet des députés ouvriers et soldats de Pétrograde, le premier du nouveau ministre de la guerre Goutchkof sur l'abrogation de la partie la plus importante du règlement de service intérieur. C'est alors que nous arrivèrent, venant de Pétrograde, les premiers conférenciers de la révolution.

Je m'arrêterai un peu plus longuement sur ces divers facteurs qui, en un laps de temps très court, modifièrent du tout au tout la physionomie de l'armée.

Comme on le sait, l'ordre du jour n° 1 du Soviet des députés ouvriers et soldats de Pétrograde fut publié, les premiers jours de la révolution, à l'insu du gouvernement provisoire. C'est pourquoi, sans doute, il ne fut communiqué à aucune unité ni à aucun état-major. Pourtant, aussitôt paru, il fut appliqué dans la garnison de Pétrograde, d'où il se propagea avec la rapidité de l'éclair dans la Russie tout entière et dans l'armée en campagne. En 1905 déjà, comme je revenais vers la mi-décembre du front de Mandchourie pour rentrer à Pétrograde [1], je reçus, à la gare de Krassnoyarsk, un ordre du jour semblable signé par le Soviet des députés du 3e bataillon des chemins de fer de réserve. En comparant ces deux documents, je constatai que l'ordre du jour nº 1 du Soviet de Pétrograde était la copie littérale de celui de Krassnoyarsk de 1905 ; par conséquent, pendant les douze années écoulées depuis la révolution de 1905, les meneurs socialistes n'étaient pas arrivés à élaborer quelque chose de mieux pour la réorganisation de l'armée selon leurs principes, et, quand ils jugèrent le moment venu de procéder à cette rénovation, ils tirèrent à la hâte de leurs archives révolutionnaires le manifeste de 1905 et le publièrent.

Qu'était-ce donc que cet ordre du jour nº 1 ? A tous les militaires sérieux, ce document ne produisit que l'impression d'un amas de sornettes, imaginé au pied levé par des gens n'ayant pas atteint leur maturité politique et sans aucune notion de ce qu'est une armée. Dans cette élucubration, qui pourrait fournir bien des motifs à des scènes d'opérette,

---

[1] Lieutenant-colonel, M. de Monkévitz fut alors attaché à l'état-major de la IIIᵉ armée.

le point principal sous le rapport révolutionnaire était évidemment celui qui introduisait la politique dans l'armée sur une vaste échelle, en donnant à tous les militaires le droit d'entrer dans des groupements politiques, de prendre part aux assemblées, etc... Les autres articles prévoyaient l'annulation de tout ce qui fait l'armature d'une armée, notamment le salut aux supérieurs, le pouvoir disciplinaire des chefs et par conséquent la discipline elle-même ; par contre, ils laissaient aux soldats le droit de faire du commerce, de s'absenter de la caserne sans autorisation spéciale, permettaient la tenue civile en dehors du service, etc.., D'une manière générale, il n'était question dans ce document que des droits du soldat, mais de ses devoirs, pas un mot. Il va sans dire que les hommes s'assimilèrent très vite des dispositions aussi avantageuses et usèrent sur-le-champ des licences qu'on leur conférait en oubliant totalement leurs obligations.

Mis en pratique par la garnison de la capitale dès le début de la révolution, le manifeste anéantit aussitôt l'armée en tant que force organisée et la transforma en bandes désordonnées, qui, en vertu de l'ordre du jour même, ne pouvaient être envoyées au front.

Plus tard, après maintes batailles, tandis que la Russie nous renforçait, nous voyions ce que valait l'instruction militaire donnée aux soldats après la révolution. Cette instruction — ils le disaient eux-mêmes — était à peu près complètement supprimée.

Les soldats passaient leurs journées dans les meetings et faisaient surtout du commerce, c'est-à-dire vendaient de tout : caoutchoucs, chaussures, farine, cigarettes, etc.

Autorisés par le « Conseil des ouvriers et des soldats » à se pourvoir de tout avant les civils, ils pénétraient les premiers dans les magasins, achetaient des marchandises et les revendaient à la rue même avec de jolis bénéfices aux habitants qui, en longues rangées, attendaient leur tour.

Ces soldats, non seulement n'avaient rien de militaire, mais ils savaient à peine manier leur fusil.

CHAPITRE V

Les réformes révolutionnaires dans l'armée. — La déclaration des droits du soldat, la transformation des tribunaux, les comités.

Cet ordre du jour, ainsi que nous l'avons dit, parvint très rapidement sur le front et, quoique le ministre de la guerre Goutchkof eût déclaré qu'il ne s'appliquait pas à l'armée de campagne, il n'en amena pas moins un trouble complet dans l'esprit des soldats comme dans la vie de toute l'armée. Les hommes ne pouvaient naturellement pas comprendre pourquoi de pareils droits et de telles libertés étaient accordés à leurs camarades de l'arrière, tandis qu'on les leur refusait à eux qui souffraient toutes les privations et qui risquaient à chaque instant leur vie. Leur perplexité ne fit que grandir lorsque, bientôt après, Goutchkof publia son arrêté sur la mise en vigueur dans l'armée active de quelques articles de l'ordre du jour n° 1 et demanda en même temps l'opinion des officiers supérieurs sur la possibilité d'appliquer les autres principes. Il se passa ensuite quelque chose de tout à fait incompréhensible. A l'unanimité, les officiers supérieurs de l'armée active se déclarèrent opposés à l'exécution de cet ordre, en objectant très justement que cela équivaudrait à la suppression de l'armée. Goutchkof lui-même était sans doute du même avis. Comprenant enfin, malheureusement trop tard, où il menait l'armée, il essaya de lutter contre les éléments extrêmes du gouvernement provisoire (Kerensky, etc.) et contre le deuxième gouvernement (Soviet des députés de Pétrograde) ; il fit demander aux officiers supérieurs, dont il connaissait le sentiment, s'il pouvait compter sur eux. Mais l'entreprise dépassait ses forces et il préféra une issue plus facile : il quitta le gouvernement provisoire. Par son caractère ondoyant, il s'était créé des contingences qui lui rendirent la lutte impossible. Il faut remarquer qu'aux premiers jours de la révolution, une sorte de commission militaire formée au sein du Soviet des députés de Pétrograde se composait d'une part d'éléments socialistes et révolutionnaires, ignorant tout des affaires de l'armée, et d'autre part de quelques chefs supérieurs qui avaient passé avec une surprenante souplesse de l'ancien régime à celui du Soviet des députés. Ces officiers jouèrent un rôle infâme dans l'histoire de la ruine de l'armée russe. De fidèles défenseurs de l'ordre qu'ils étaient, ils devinrent en une nuit des révolutionnaires ardents. Ils n'ignoraient pas que l'application des nouveaux principes proclamés par l'ordre du jour n° 1 et repris ensuite par Kerensky dans son ordre du jour sur la déclaration des droits du soldat, équivalait à l'effondrement de l'armée. Cependant, poussés par le souci de leur position, ils déclarèrent à la commission militaire que l'essai de ces expériences hasardeuses leur semblait possible.

Lorsque Goutchkof déclara aux représentants du Soviet des députés de Pétrograde qu'il ne pouvait admettre la mise en vigueur, dans la troupe, de la déclaration des droits du soldat, élaborée par la commission militaire du Soviet, à cause de la décomposition totale de l'armée qui en résulterait, il lui fut répondu que des représentants de l'armée, haut gradés expérimentés, membres de la commission militaire du Soviet, avaient approuvé sans faire de réserve la réforme projetée et qu'on n'avait aucune raison de douter de leur sincérité, d'autant moins qu'il se trouvait parmi eux un ministre de la guerre de l'ancien régime.

Goutchkof toléra la présence de ces étranges représentants de l'armée dans la commission militaire ; il permit même à celle-ci de lui dicter les dispositions qu'elle avait prises.

C'est ainsi que les généraux Polivanof, Tséïl (il

s'appelle aujourd'hui Pokatof), Potapof et autres ont, d'un cœur léger, immortalisé leur nom en signant l'arrêt de mort de l'armée russe naguère redoutable. Et cependant, le général Polivanof, ami personnel de Goutchkof, si même il a été ministre de la guerre pendant un certain temps, ne pouvait pas être considéré comme une autorité en la matière; il suffit de rappeler que, depuis la campagne russo-turque, en 1877-78, où il fut blessé, ses fonctions le retinrent constamment à Pétrograde, dans les chancelleries et les administrations, bien loin du front et de l'armée.

Découragé, Goutchkof quitta donc le pouvoir. Le ministère de la guerre fut donné à Kérensky, qui s'illustra immédiatement en signant l'ordre du jour sur la déclaration des droits de l'homme, ce qu'il fit sous la pression intense du Soviet des députés de Pétrograde.

Presque en même temps, le commandant en chef des armées publia un arrêté autorisant la création d'organes d'administration militaire autonomes, sous forme de comités de tous genres.

Dès ce moment, la dissolution de l'armée progressa avec une incroyable rapidité. L'ordre du jour de Kérensky avait enlevé le pouvoir disciplinaire aux commandants pour le remettre aux tribunaux de régiments et de compagnie. Ces tribunaux, formés selon le principe électif d'un nombre égal de soldats et d'officiers, ne pouvaient évidemment pas contribuer au maintien de la discipline. On les composa de préférence d'officiers et de subalternes le plus inféodés aux droits du soldat et qui, cherchant la popularité parmi la troupe, n'étaient nullement enclins à infliger des punitions. Les tribunaux de corps furent également transformés par Kérensky en tribunaux par élection, de sorte que l'impunité la plus complète régna dans l'armée. La Thémis ainsi créée prononçait invariablement un verdict d'acquittement pour tous les délits, même dans les cas les plus graves de violation de la discipline et d'oubli du devoir envers la patrie. Ces cours ne punissaient que lorsqu'elles avaient à juger un officier. Au corps où je me trouvais, le tribunal acquitta un soldat appartenant à un régiment de cavalerie, poursuivi pour avoir abandonné le front et n'y être revenu qu'au bout de deux mois. Sa culpabilité était évidente ; néanmoins, la cour le libéra, car il s'était rendu à l'arrière « pour des motifs révolutionnaires ».

Aux chefs restait, dans cette impossibilité de maintenir la discipline, un seul moyen : la réaction morale, mais sans fruits, car à ce moment-là, l'autorité militaire était totalement sapée par les agitateurs locaux et étrangers. Les officiers qui se permettaient encore de rappeler à leurs hommes qu'il y avait une discipline, des devoirs envers le pays, se voyaient traités soit de soutiens de l'ancien régime, soit de contre-révolutionnaires. A leurs exhortations, les soldats répondaient par les cris de : « On est libres maintenant !.. On n'en veut plus, de la discipline à coups de bâton, comme du temps du tzar !.. On nous a assez sucé le sang...Nous sommes de libres citoyens !.. » Il va de soi que ces « libres citoyens » ne pouvaient pas être ramenés à la raison par les arrêtés hypocrites des comités de tous genres et encore moins par les interminables discours de Kérensky.

CHAPITRE VI

L'arrivée des députés chargés d'éclairer l'armée.
Leur caractéristique.

Les députés envoyés par les différents comités avec la mission d'éclairer les troupes sur la révolution firent à l'armée un mal immense. Les premiers temps, à cause des fêtes de Pâques, ils arrivèrent chargés de cadeaux pour les soldats, mais ensuite ils vinrent les mains vides (la révolution n'avait pas le loisir de s'occuper de pareilles bagatelles) ; ils se présentaient munis de recommandations spéciales, délivrées par le ministre de la guerre, ou de lettres de crédit émanant de toutes sortes de pouvoirs. Ces députés, missionnaires de la révolution, portaient l'inévitable brassard rouge ; c'étaient en majeure partie des jeunes gens qui, avant les troubles, avaient préféré rester à l'arrière, où ils occupaient des situations de tout repos, plutôt que de se rendre sur le front ; dès la révolution, ils étaient devenus membres de l'un ou l'autre des innombrables comités exécutifs ;

on comptait parmi eux beaucoup d'ouvriers venant
des usines qui travaillaient pour la défense nationale, et libérés par conséquent du service actif.
Les embusqués — c'est le seul terme qui convient
— prenaient maintenant des airs fiers et importants, sachant que nul danger ne menaçait leur
précieuse existence. Bien entendu, ils se donnaient
tous pour de vieux révolutionnaires.

Il m'est difficile de reproduire même en termes
généraux ce qu'ils disaient aux troupes, tant leurs
propos étaient incohérents et confus, un ramassis de
clichés et de banalités. Par malheur, ces discours
produisaient une profonde impression sur les soldats,
qui constataient une fois de plus qu'on pouvait parler
impunément de la nécessité de conclure une paix
immédiate et d'entrer en pourparlers avec l'ennemi,
de l'inutilité de toutes les guerres, etc., etc... Comme
commandant de la division, je me rendais toujours
dans les tranchées en même temps que les députés-
missionnaires ; j'assistais en général à leurs palabres
et à leurs conversations, mais, je le répète, je n'en
saisis jamais bien le sens. C'était une sorte de cha-
rabia : « le peuple allait maintenant tout diriger lui-
même ; les nations devaient avoir le droit de disposer
d'elles-mêmes ; la paix sans annexion ni contribu-
tion, la république fédérative, la journée de huit
heures, la socialisation de l'industrie », etc. Tels

étaient les thèmes de ces dissertations enflammées, récitées et débitées avec les gestes habituels des révolutionnaires qui menacent toujours du doigt ou du poing (caractéristique, dit-on, de l'absence de talent oratoire), abondamment entrecoupées de violentes apostrophes à l'adresse de la perfide bourgeoisie et du sanguinaire Nicolas (les sanguinaires Lénine, Trotski et compagnie ne s'étaient pas encore révélés à cette époque-là), dissertations qui, néanmoins, électrisaient les foules. Les soldats tiraient de ces harangues la conclusion que les temps étaient venus où l'on pouvait faire ce que bon vous semblait sans encourir aucune responsabilité ; ils applaudissaient régulièrement et criaient : « Tu as raison, camarade ! »

Parfois, je prenais part aux discussions et, désireux de montrer aux soldats la vraie physionomie de ceux qui se chargeaient ainsi de les instruire, je posais aux députés diverses questions embarrassantes ; je leur demandais, par exemple, s'ils étaient restés longtemps sur le front, s'ils avaient pris part à des batailles, combien on les payait dans les fabriques. J'exprimais l'opinion que, par pure justice, il fallait immédiatement envoyer au front tous les militaires qui n'y avaient pas encore été, et mettre les ouvriers libérés du service actif, parce que travaillant dans les usines de la défense nationale, exactement sur le même pied que les combattants, c'est-à-dire leur donner la solde du troupier, un uniforme, les nourrir eux et leur famille aux frais de l'Etat et leur enlever leur gain, qu'eux-mêmes disaient se monter de 10 à 20 roubles par jour ; je rappelais le grand avantage qu'ils avaient de ne pas risquer à chaque instant leur vie, comme nous autres. Mes paroles plaisaient en général aux soldats et ils accueillaient avec des rires ironiques la réplique des députés ; les messagers du socialisme se hâtaient d'engager la discussion sur des thèmes moins scabreux pour eux et reprenaient la sempiternelle litanie de la bourgeoisie qui se gorgeait du sang du peuple, etc., etc.

Ce qui me frappait surtout, c'est que les députés séjournant aux tranchées dans la sécurité la plus complète et qui souvent n'avaient même pas entendu siffler une balle ou un obus, me demandaient presque tous de leur signer un certificat attestant qu'ils avaient été sous le feu de l'ennemi ; quand je voulais savoir à quoi ce certificat pouvait leur servir, ils répondaient : « Qui sait, il peut m'être utile un jour ou l'autre! » Munis de ces certificats, ils faisaient ensuite des démarches au quartier général ou au ministère pour être décorés de la médaille de Saint-Georges, laquelle porte l'effigie de l'empereur Nicolas II, qu'ils disent cependant abhorrer de toutes leurs forces.

* * *

Je me rappelle, comme si cela se passait aujourd'hui, l'arrivée de trois de ces délégués. Nous étions à la fin de mai 1917 et j'étais alors chef d'état-major de la IVe armée. Envoyés par le comité exécutif du Soviet des députés ouvriers et soldats de Pétrograde, ils étaient abondamment pourvus de laissez-passer et de recommandations du ministère de la guerre, des soviets et des états-majors suprêmes ; l'un d'eux, tout jeune lieutenant imberbe, bavardait sans arrêt et son collègue, un ouvrier d'usine, vieux révolutionnaire, jadis exilé en Sibérie (distinction de haute valeur) l'interrompait constamment et lui disait : « Ne vous emballez pas, camarade ! Vous ne connaissez rien à l'affaire ! Vous ne dites pas ce qu'il faut ! » Le troisième député, ex-instituteur de village, parlait peu et faisait la meilleure impression ; on voyait que les continuelles escarmouches entre ses deux collègues lui étaient fort désagréables. Ces trois individus, « membres éminents du comité exécutif », ce dont nous fûmes informés par un télégramme où l'on nous recommandait de leur prêter tout notre concours et de leur accorder la plus large hospitalité, se comportèrent, au dîner, comme de hauts dignitaires venus dans une petite ville provinciale pour y passer une revue. Je demandai modestement aux apôtres de la révolution comment ils se représentaient la future organisation gouvernementale de la Russie. Plein d'assurance, le lieutenant imberbe répondit que la Russie serait une république fédérative sur le modèle de la Suisse. Sans lui dire que j'avais passé plus d'une année dans ce pays et que j'en connaissais à fond les institutions politiques, je le priai de me donner de plus amples renseignements [1]. Le pauvre missionnaire, mordant à l'hameçon, témoigna d'une telle ignorance de la Suisse et de son gouvernement, que le vieil ouvrier révolutionnaire, voyant qu'il pataugeait, l'interrompit par ces mots : « Camarade, ne parlez pas de choses que vous ne savez pas. » J'achevai l'infortuné en déclarant que je connaissais très bien la Suisse et j'en exposai l'organisation intérieure ; j'ajoutai que cette forme de gouvernement était tout à fait inapplicable en Russie, tant que la politique et la réorganisation du pays seraient confiées à des aventuriers incultes et inexpérimentés.

Je cite ce cas pour montrer la nullité complète de gens qui d'un jour à l'autre se décrétèrent capables de travailler à l'édification de l'Etat.

Ces personnages apportaient avec eux quantité d'imprimés préjudiciables au maintien de la discipline ou à l'exaltation de l'esprit militaire.

---

[1] Le général Monkévitz fut attaché militaire de la Russie auprès de la Confédération suisse en 1907.

Ces trois facteurs des débuts de la révolution : arrêtés des ministres de la guerre Goutchkof et Kérensky, activité des apôtres socialistes dans l'armée et influence de la littérature révolutionnaire, accomplirent en très peu de temps leur œuvre de destruction. En juillet 1917, au moment où l'on aurait dû prendre l'offensive sur les fronts russe et roumain, l'armée russe avait cessé d'exister ; elle ressemblait aux épaves d'un navire désemparé, pouvant à peine tenir l'eau pendant un certain temps et porter une partie de l'équipage. Sur le front, nous en avions parfaitement conscience, nous sentions que c'était folie d'entreprendre une opération de vaste envergure avec une armée pareillement gangrenée. Mais Kérensky, qui ne quittait pas les nuages des utopies où il planait constamment, Kérensky résolut d'attaquer : il comptait sur la victoire.

Commandant de division jusqu'au commencement de mai 1917 et nommé ensuite chef d'état-major de la IVe armée sur le front de Roumanie (dont ma division faisait partie), je fus le témoin oculaire de la ruine lente de l'armée jusqu'en mai 1918, Par mes incessantes tournées au milieu des troupes, je pus me rendre compte aussi de la tournure critique que prenaient les choses.

CHAPITRE VII

Les démagogues du régiment.

Dans ma division, comme dans le reste de l'armée, la déchéance, d'abord peu apparente, s'affirma bientôt. Chacun de ses régiments vit surgir de la troupe aussi bien que du groupe des officiers, des démagogues qui se donnaient pour les défenseurs des libertés proclamées par la révolution, pour d'ardents adeptes de la cause socialiste. Ils n'avaient en réalité comme seule préoccupation que leurs propres intérêts, si bien que lorsqu'ils avaient injecté une dose suffisante de poison dans l'intellect des unités, ils disparaissaient sans retour. En général, les démagogues de la classe des officiers étaient des êtres dépravés ou neurasthéniques, qui, à la vue de l'irritation sans cesse croissante des soldats contre l'élément soi-disant bourgeois de l'armée, c'est-à-dire contre eux-mêmes, essayaient de conquérir les faveurs de la troupe en flattant ses bas instincts. Changeant de conviction comme de gants, ces êtres négatifs jouèrent un rôle néfaste. Ils excitèrent les soldats contre d'autres officiers et entravèrent de toute manière les efforts de ceux-ci pour ramener le calme dans l'esprit des troupes et la vie à son cours habituel. Par malheur, dans presque toutes les unités, il y eut quelques-uns de ces officiers, très mal notés antérieurement déjà, connus souvent pour traiter leurs hommes avec cruauté, et qui, après les événements de mars, se transformèrent soudain en vétérans de la révolution, prévenants, obséquieux envers les soldats, soulignant à tout propos et hors de propos leur égalité avec leurs subordonnés, animant en même temps ces derniers contre les chefs. Ils devinrent naturellement les idoles des soldats. Dans ma division, je comptai une dizaine d'officiers de ce genre, même dans les grades supérieurs, entre autres un colonel, auquel on ne pouvait confier aucune mission sans risquer qu'elle échouât ou qu'il ne fît tuer ses hommes. Un autre officier supérieur de la même catégorie avait l'art de toujours tomber malade avant la bataille et de guérir dès qu'il y avait une accalmie. Un des lieutenants démagogues se distinguait par la brutalité avec laquelle il menait ses hommes ; un de ses collègues avait abandonné le champ de bataille lors des combats de décembre 1916, entraînant avec lui toute sa compagnie et je ne pus le faire revenir sur ses pas qu'en le menaçant de la cour martiale immédiate.

Tels étaient les officiers démagogues au régiment. Les soldats du type correspondant se recrutaient presque exclusivement parmi ceux que nous avions l'habitude d'appeler les « héros de l'arrière » : employés dans les bureaux, aides-chirurgiens et soldats sanitaires, gardes de voies ferrées, télégraphistes, etc... Je n'en vis pas un qui eût passé une longue période sur le front, dans les dures conditions de la vie de guerre. Un homme de ma division dont il fut question à un moment donné dans tous les journaux de Russie était très représentatif de l'espèce. Il s'appelait Averboukh et travaillait dans un des bureaux d'un régiment ; avant la guerre, il était acteur sur une scène de province et possédait un talent indiscutable ; il déclamait fort bien et avait l'art de toucher ses auditeurs. Lorsque je parvins à organiser un théâtre pour les soldats de la division, j'engageai Averboukh dans la troupe ; il fit grand plaisir à tout le monde. Bientôt après la révolution, il se mit à prononcer des discours incohérents et à organiser des démonstrations politiques avec l'inévitable drapeau rouge et autres attributs indispensables ; mais je dois reconnaître que ces manifestations étaient d'un caractère modéré. A la fin d'une représentation au théâtre divisionnaire, à laquelle j'assistais, Averboukh prononça à mon adresse un discours très joliment tourné, mais déplacé, me qualifiant de chef libéral, toujours soucieux

du bien-être de ses hommes, avec quelques exemples
à l'appui. Puis soudain, il éclata en sanglots (il possédait le don de pleurer quand il voulait), ordonna
aux soldats de se mettre à genoux et se jeta lui-
même à mes pieds, en criant : « Hourra ! » Cette
manifestation me fut extrêmement désagréable et
je m'empressai de montrer à Averboukh le manque
de dignité qu'il y avait à agir ainsi, ajoutant
qu'un homme, un libre soldat-citoyen surtout, ne
devait s'agenouiller que devant Dieu. Averboukh
fut transféré par la suite dans une division en formation et je le perdis de vue pendant quelque temps.
Mais il se rappela bientôt à ma mémoire. Dans son
nouveau régiment, toujours dans notre corps d'armée,
il était devenu un démagogue au sens complet du
mot, allumant les passions par ses discours, excitant
les soldats contre les chefs ; si bien que la contagion
gagnait ma division, voisine de celle où il pérorait.
Puis il partit pour Odessa sans autorisation, soi-
disant pour consacrer à l'achat d'un drapeau rouge
la somme qu'il avait recueillie à cet effet dans le
régiment. En cette ville, notre homme rencontra le
« camarade » Kérensky, ministre de la guerre, et
ne laissa naturellement pas échapper l'occasion de
le saluer « au nom des soldats » par un discours
pathétique, déclarant arriver tout droit des tranchées. Kérensky, qui connaît peu les hommes et

encore moins tout ce qui a trait au service militaire, au lieu de renvoyer au front ce déserteur et de le traduire devant un tribunal, l'embrassa, à l'imitation du tsar, le nomma officier, et lui octroya un mois de congé. C'est ainsi qu'un réfractaire fut promu officier par le ministre de la guerre (grâce à un beau discours larmoyant), pour l'édification de l'armée, qui comprit que le ministre accordait infiniment plus de valeur à des phrases ronflantes qu'à l'héroïsme et à la bravoure. Il est inutile d'ajouter que tous les efforts que les supérieurs d'Averboukh, y compris le commandant de l'armée, tentèrent pour le faire revenir sur le front, échouèrent et qu'il préféra demeurer à l'arrière jusqu'à la fin de la guerre.

Je me suis étendu sur cet épisode, parce qu'il caractérise bien Kérensky.

CHAPITRE VIII

*L'état de l'armée au commencement de juillet 1917,
avant le début de l'offensive.*

L'offensive sur le front roumain avait été fixée au premier printemps de 1917, mais les événements obligèrent le grand quartier général à la renvoyer à la seconde quinzaine de juillet. On décida d'accorder préalablement aux troupes le temps de se calmer, de s'assimiler les libertés nouvelles pour n'entreprendre la vaste opération qu'avec une armée réorganisée sur des principes démocratiques.

Il nous semblait naïf, à nous qui commandions sur le front, d'espérer que l'armée serait en état d'aller de l'avant ; notre seul rêve était de nous maintenir sur nos positions avec nos régiments en décomposition. Néanmoins, les autorités militaires et politiques étaient dans une disposition d'esprit beaucoup plus optimiste.

Que se passait-il à ce moment-là sur le front dans

les régiments qui, oubliant tout devoir, devaient bientôt se jeter sur l'ennemi ? Il suffit de quelques mots pour répondre à cette question : comme un seul homme, l'armée tout entière parlait, parlait sans discontinuer, sans se soucier d'autre chose.

Des comités déjà complètement formés tenaient séance presque sans interruption, à commencer par les comités de compagnie pour finir par les comités de corps d'armée. D'après une évaluation approximative établie dans notre seule armée, 40 000 hommes environ faisaient partie d'une commission ou d'un comité, 40 000 hommes qui n'accomplissaient plus aucun service, sauf celui du bavardage. De cette manière, le premier effet de la démocratisation de l'armée fut d'enlever à celle-ci un corps tout entier, et même davantage à l'activité purement militaire. Ces comités péroraient sur la future organisation gouvernementale de la Russie, les conditions de la paix, les réformes militaires urgentes, la position à prendre envers tel ou tel parti politique et son programme ; ils émettaient des aphorismes ampoulés et interminables sur toutes ces questions ou bien se laissaient aller à vérifier les actes des organes d'administration antérieurs à la révolution, dans l'espoir de découvrir des abus.

Dans toutes les unités, en plus des comités, des

meetings autorisés à la légère par le ministre de la guerre, se réunissaient presque tous les jours pour discuter les mêmes thèmes. Le bon sens aurait dû cependant avertir Kerensky qu'il fallait défendre l'armée contre cette éruption de verbiage.

Dans ces parlotes, on se bornait rarement à discuter les sujets plus haut cités ; on y débattait aussi des questions de portée plus immédiate : la durée de l'exercice et des manœuvres, la relève des unités en première ligne, et même la confiance ou la méfiance que pouvait inspirer tel ou tel chef.

Bref, on avait oublié l'ennemi, qui parfois se trouvait à cent pas de nos tranchées et que comblait d'aise ce talent oratoire, soudain florissant dans l'armée russe. On avait oublié la patrie qui attendait de son armée la victoire, le terme des horreurs de la guerre.

A cette époque, l'état-major de la IVe armée, qui aurait dû s'occuper exclusivement de la préparation de l'offensive, était accablé de travail ; mais sa besogne était de caractère politique. Tous les jours, on voyait arriver au quartier général divisionnaire des députations nombreuses envoyées par les différentes unités, avec des requêtes ou des plaintes tout à fait futiles. Les commandants rédigeaient des rapports désolants sur ce qui se passait dans leurs troupes.

Les comités prenaient les dispositions les plus stupides ; souvent, ils s'adressaient au commandant de l'armée en « exigeant » (c'était leur expression courante) le déplacement des chefs qui déplaisaient aux soldats, et ils motivaient cette « nécessité » par le fait que tel ou tel officier était un « partisan de l'ancien régime » ou « ne reconnaissait pas les libertés conquises par le peuple ». Une fois même, la raison suivante fut donnée : « N'a pas approuvé Kérensky ». Impossible de se reconnaître dans ce chaos. Toutes ces députations, ces arrêtés et ces « exigences » nous occupaient pendant la majeure partie de la journée et ne nous laissaient pas le temps de vaquer à une besogne plus utile.

Quant aux exercices, aux manœuvres et aux travaux d'amélioration de nos positions, on n'y songeait presque plus. Dans certains régiments, les comités avaient fixé la durée de la journée de travail à six, cinq ou même quatre heures. Dans les tranchées, le service se faisait d'une manière révoltante. Il y eut même des cas où des unités régimentaires entières refusèrent de quitter leurs cantonnements de réserve pour aller en première ligne à la relève de leurs camarades ; ce ne fut qu'après de longs pourparlers qu'on parvint à les faire obéir. Les chefs, privés de toute autorité, étaient impuissants à lutter contre cet état de choses.

Telle était la situation dans l'armée à la veille de l'offensive. Même les plus incompétents en matière militaire comprendront, je le suppose, qu'avec des troupes pareilles, on ne pouvait s'attendre à la victoire.

CHAPITRE IX

La préparation de l'offensive de juillet sur le front roumain.

Pendant toute la durée de la guerre, on ne peut rien imaginer de plus compliqué que cette dernière préparation d'offensive. Malgré notre supériorité numérique, une forte artillerie, un excellent équipement, beaucoup de matériel technique, nous nous rendions parfaitement compte que la mentalité des troupes ne permettait aucun acte de bravoure. Nous savions que si nous remportions la victoire dans la bataille imminente, ce ne serait que grâce à notre tactique ; c'est pourquoi la préparation de l'opération devait être effectuée avec un soin tout spécial. Comme principe fondamental des efforts préliminaires, il fut décidé de s'arranger de telle sorte que l'infanterie pût conquérir les positions de l'ennemi avec le moins de tension morale possible et le minimum de pertes ; c'est-à-dire, en d'autres termes, que l'issue du combat devait presque exclusivement être confiée à l'artillerie. De plus, il fallait disposer les troupes en prenant strictement en considération leur état d'esprit ; il fallait ne faire entrer dans le groupe d'assaut que les unités qui s'étaient le mieux conservées dans le déclin général. On devait par conséquent procéder à un remaniement extrêmement compliqué, qu'on aurait pu éviter en temps normal. Par bonheur, il se trouvait encore dans la IVe armée quelques unités parmi lesquelles le sentiment du devoir et la valeur militaire n'avaient pas totalement disparu. Ces unités furent donc désignées pour frapper le premier coup.

C'est cette circonstance seule qui me permet d'expliquer le fait que les troupes de notre armée, chargées d'une importante besogne dans cette opération, remplirent toute leur mission.

Malgré d'extrêmes difficultés d'ordre topographique (le terrain était montagneux et d'accès difficile), la préparation technique fut remarquablement bien exécutée. Le front d'attaque fut choisi dans le secteur présentant le plus d'obstacles naturels et où l'ennemi s'attendait le moins à un assaut. Pour amener à pied d'œuvre une nombreuse artillerie, il fallut créer plus de trente kilomètres de nouvelles routes et de sentiers ; mais les obstacles furent surmontés et, au moment fixé, tous les canons étaient en place, abondamment pourvus de munitions et les batteries, reliées par de bonnes voies de communication, prêtes à l'action.

Mais la préparation morale de l'offensive fut incomparablement plus pénible. Quoique le point d'attaque et naturellement la composition des troupes désignées pour l'assaut fussent tenus absolument secrets, les préparatifs ne pouvaient échapper à l'attention des soldats : bientôt ils se livrèrent à d'interminables conciliabules ; étant données les conditions de la paix sans annexions ni indemnité, fallait-il ou ne fallait-il pas attaquer ? Quelques unités déclarèrent ouvertement qu'elles étaient prêtes à se défendre, mais qu'elles ne prendraient pas l'offensive, car ce serait en contradiction avec le programme des partis socialistes. Pendant ce mois de juillet 1917, les chefs s'employèrent exclusivement à convaincre les soldats ayant perdu la faculté de raisonner, de la nécessité de combattre pour obtenir la conclusion rapide de la paix. Les officiers de la IVe armée avouèrent tous n'avoir jamais passé par des tortures morales aussi cruelles qu'en ces journées-là. Comme je visitais souvent les troupes qui devaient participer à l'offensive, j'eus constamment l'occasion d'entendre les exhortations des supérieurs et d'en faire moi-même, ce qui m'humiliait pour eux, pour moi et pour les soldats, mais nous n'avions pas d'autre alternative : les tribunaux ne fonctionnaient plus, les cours martiales étaient abrogées ; dans la troupe, plus de discipline ; même le déplacement des officiers et des soldats d'une unité à l'autre n'était autorisé que dans des cas exceptionnels. Contre l'idée de l'offensive, les démagogues de régiment déployaient tous leurs efforts, la dépeignant favorable uniquement à la bourgeoisie et à l'impérialisme. Les rumeurs de la catastrophe de Tarnopol, arrivées à nous avant le début de notre offensive, déprimèrent encore le moral de la troupe. Dans la relation de cet événement, le plus honteux de toute l'histoire de l'armée russe, on citait de nombreux cas où, dans les régiments du front sud-ouest, seuls les officiers et quelques soldats isolés, entraînés par l'exemple, avaient marché à l'assaut, allant au-devant d'une mort presque certaine. On apprit encore que, au moment de l'attaque, alors que les officiers s'élançaient contre l'ennemi, les soldats restés dans les boyaux leur tirèrent dans le dos. Dès lors, des témoins oculaires me confirmèrent ces faits, dont la renommée aux mille voix transmit rapidement le récit dans les tranchées. On se représente la situation des chefs pendant ces journées ; elle était pire que celle des criminels condamnés à mort.

Fréquemment, j'ai entendu dire que les officiers russes n'avaient pas lutté avec assez d'énergie contre la décomposition de l'armée. Je puis affirmer qu'ils ont fait tout ce qu'ils ont pu. Il n'y avait qu'à les voir à l'œuvre pour s'en convaincre. J'aurai d'ailleurs l'occasion de revenir sur les tortures indicibles endurées par eux pendant les derniers mois qu'agonisait l'armée.

Quelques jours avant la date fixée pour l'attaque, deux officiers d'un régiment de mon ancienne division arrivèrent à l'état-major de la IVe armée que je commandais alors, et au nom de leurs camarades me supplièrent de me rendre auprès de leurs troupes afin de ramener les soldats à de meilleurs sentiments. La nuit précédente, on avait surpris des hommes parlant de fusiller les supérieurs pendant le combat, comme d'autres l'avaient fait à Tarnopol. Le régiment devait participer à une vague d'assaut, et les officiers, comptant sur ma popularité dans la division, pensaient que j'aurais une influence favorable. Le lendemain, n'ayant prévenu personne, et comme à l'improviste, je passai dans les rangs sans être accompagné. Je rappelai aux soldats les exploits glorieux de leur régiment dans la guerre actuelle, l'héroïsme de certains d'entre eux, et j'essayai de les faire parler librement. Mais les visages restèrent maussades et fermés ; dans quelques yeux scintillait une petite flamme mauvaise ; on devinait dans les âmes quelque secret dessein. La nuit tombait et j'étais pressé de retourner à mon quartier général. Alors, pour retourner l'état d'esprit de la troupe, je recourus à un moyen suprême. Réunissant autour de moi le plus grand nombre d'hommes possible, je prononçai à très haute voix le petit discours suivant : « J'ai entendu dire que parmi les soldats de ce vaillant régiment, il y a des lâches qui ont l'intention de tirer sur leurs officiers au moment de l'attaque. Sachez que je ne survivrai pas à une pareille infamie. Je demanderai au commandant en chef de l'armée d'être avec vous lorsque l'assaut commencera, et je vous ordonne à tous, et vous exécuterez cet ordre, de m'envoyer la première de vos balles de traîtres avant d'attenter à la vie de vos officiers. Que mon cadavre témoigne de votre lâcheté ! » A ces paroles, la conscience des soldats se réveilla. Des voix troublées s'élevèrent et affirmèrent qu'il ne se passerait rien de pareil dans le régiment. Après avoir reçu la promesse qu'il n'y aurait pas de trahison, je rentrai tard dans la nuit. De fait, ce régiment combattit bravement et ne ternit pas sa bonne réputation.

On le voit, sous le rapport du moral des troupes, la préparation de l'offensive dans la IVe armée n'avait rien de bien satisfaisant. Il en était de même dans toutes les autres armées russes sur le front roumain.

En revanche, parmi les régiments roumains qui se

préparaient à l'attaque en même temps que les nôtres, c'était bien différent : un magnifique élan guerrier animait l'armée ressuscitée et consolidée : officiers et soldats attendaient avec impatience la bataille, afin de se venger des échecs continus de 1916 et d'affranchir le territoire envahi.

CHAPITRE X

L'offensive russo-roumaine à la fin de juillet 1917.

Deux armées russes et deux armées roumaines étaient désignées pour entreprendre l'opération d'offensive en juillet 1917 sur le front de Roumanie. La IXe armée russe devait, par une défense active, occuper les forces de l'ennemi et lui enlever la possiblité de renforcer les secteurs que nous attaquerions. Le 24 juillet fut la date choisie pour le commencement de la préparation d'artillerie dans toutes les armées, et l'assaut de l'infanterie, également simultané pour toutes les troupes engagées dans l'action, devait débuter le matin du 26 juillet.

Dans notre armée (la IVe), tous les préparatifs étaient achevés le 23 juillet : les troupes occupaient les points d'où elles devaient s'élancer, les batteries étaient en place.

Le 24 juillet, de grand matin, l'artillerie des quatre armées se mit en devoir de détruire les fortifications extrêmement redoutables dont l'ennemi avait entouré ses lignes pendant ces six mois d'accalmie. Mais un brouillard assez épais et une pluie fine vinrent gêner les tirs, et le premier jour, la préparation ne donna pas les résultats que nous en attendions. La brume rendait les observations presque impossibles. Aussi, vers le soir du 24, se mit-on à examiner l'éventualité de remettre à vingt-quatre heures plus tard l'attaque de l'infanterie. Les avis étaient partagés : selon les commandants en chef de la IVe armée russe — le général Ragoza, actuellement ministre de la guerre en Ukraine, et le général Averesco, chef de la IIe armée roumaine — il ne fallait pas renvoyer cette attaque, étant donné le moral instable des troupes russes. Le général Tsouricof, commandant la VIe armée russe, célèbre par le large ruban rouge qu'il portait toujours en sautoir, et le général Khristesko, chef de la Ire armée roumaine, dont les troupes devaient attaquer ensemble sur le Sereth inférieur, insistaient pour ajourner de vingt-quatre heures l'action de l'infanterie, afin de pouvoir prolonger la préparation d'artillerie. Le commandant en chef du front autorisa ces deux dernières armées à attendre un jour encore et laissa aux généraux Ragoza et Averesco la latitude d'attaquer à la date fixée auparavant.

Comme on le verra par la suite, cette permission

accordée à la VIe et à la Ire armées d'attaquer un jour plus tard que les autres eut des conséquences extrêmement fâcheuses. Tandis que les troupes des généraux Ragoza et Averesco s'ébranlaient au jour fixé et remportaient un succès complet, les deux autres armées ne bougèrent ni le lendemain ni plus tard. L'ennemi put ainsi concentrer toutes ses forces contre notre IVe armée et nous contre-attaquer. Je reviendrai là-dessus.

Le lendemain, 25 juillet, le temps permit à l'artillerie de se livrer à un travail préparatoire qui donna d'excellents résultats. On reconnut qu'elle avait complètement rempli sa tâche, en anéantissant les nœuds de résistance de l'ennemi sur le front de notre attaque. L'infanterie, très chatouilleuse sous ce rapport, en convint, elle aussi. Ce fut également mon impression personnelle ; je me représentai nettement que la résistance de l'adversaire était brisée par le seul feu de l'artillerie et que l'infanterie serait en état de conquérir les lignes ennemies sans difficultés et sans grandes pertes. Ces suppositions furent confirmées par la déposition d'un officier d'artillerie autrichien, fait prisonnier le 25 juillet et dont la batterie de montagne avait été envoyée en hâte sur le front attaqué, dans la nuit du 24 au 25. Cet officier, que nos éclaireurs avaient surpris à son poste d'observation avec quelques soldats, déclara que les Allemands ne s'attendaient pas à une attaque sur ce point-là, jugé inaccessible et partant faiblement défendu. On sut aussi par lui que les Allemands n'avaient pas de réserves à proximité, qu'ils faisaient rapidement venir d'une assez grande distance les quelques renforts qu'ils possédaient encore et que dans leurs troupes régnaient l'inquiétude, l'agitation, la perplexité. Ceci confirmait nos observations : les Allemands n'avaient plus ce calme, cette assurance dont ils faisaient preuve lors de notre préparation d'artillerie.

Comme je l'ai dit, ces jours-là, la besogne de l'artillerie fut très efficace. Les canonniers manifestaient un enthousiasme mêlé de quelque hostilité envers l'infanterie, qui non seulement n'était pas dans le même état d'esprit, mais entravait souvent le travail de l'artillerie, menaçant de faire un mauvais parti aux observateurs, si le feu ne cessait pas. Il faut noter que l'infanterie accuse volontiers l'artillerie de se tromper dans la direction de son feu. Durant les combats, des messages téléphoniques m'informaient à tout moment que notre artillerie tirait sur nos propres troupes. C'était presque toujours faux, mais il était extrêmement difficile de le faire comprendre à l'infanterie. Dans ces cas-là, je donnais l'ordre à l'artillerie de cesser le feu pendant un bref instant ; si les plaintes de l'infanterie continuaient, il m'était facile alors de prouver qu'elles étaient sans fondement. Après la révolution, ces accusations devinrent presque continues ; les fantassins reprochèrent même à l'artillerie d'appeler sur eux le feu de l'ennemi ; et ils finirent par user de violence, expulsant les observateurs des tranchées et enlevant ainsi aux canonniers la possibilité de tirer.

En général, le moral était meilleur dans l'artillerie que dans l'infanterie. Pendant toute la guerre, la première n'éprouva que peu de pertes et l'on n'eut presque pas à renouveler ses effectifs. La plupart des artilleurs demeurèrent dans la même unité depuis le début des hostilités. Accoutumés à l'ambiance, ils avaient conscience de l'état des choses. Après la révolution, toujours pour la même raison, les unités d'artillerie ne reçurent que très peu de renforts contaminés ; la discipline et la bravoure s'y conservèrent ainsi à un certain degré.

Autant l'œuvre de notre artillerie nous enthousiasma en ces journées de juillet, permettant tous les espoirs, autant la manière d'être de l'infanterie fit naître l'inquiétude et même la crainte de voir se reproduire sur notre front la honteuse catastrophe de Tarnopol. A vrai dire, les régiments d'infanterie du VIIIe corps, qui devaient donner l'assaut, et ceux de la 71e division, qui se trouvaient en seconde ligne, manifestaient un moral relativement satisfaisant et on pouvait espérer qu'ils obéiraient à l'ordre d'attaque. Il en allait tout autrement dans les unités enlevées de leurs secteurs tranquilles, en raison de la nécessité où nous étions de rassembler le plus de troupes possible pour l'attaque. Dès le début de l'action préparatoire de l'artillerie, arrivèrent des rapports des commandants d'infanterie signalant l'agitation régnant parmi leurs hommes ; ceux-ci déclaraient ouvertement que, n'étant soutenus que par une artillerie numériquement faible et couvrant un front extrêmement développé, ils ne se défendraient pas au cas où l'ennemi attaquerait, mais qu'ils se retireraient à l'arrière. Un régiment refusa même catégoriquement d'exécuter un mouvement. Il fallut recourir à des mesures extrêmes, avec le concours des membres du comité de l'armée, qui, oubliant leurs interminables palabres, se conduisirent très bien en ces journées de bataille. Ce comité comptait parmi ses membres deux officiers de haute valeur : le capitaine Maliévsky, qui le présidait, et le lieutenant Adrianof ; dès le début de la révolution, ils s'en étaient déclarés les partisans convaincus, militants et, je le crois, sincères. Ayant vu l'abîme vers lequel roulait l'armée, ils avaient renoncé à temps à y répandre leurs utopies socialistes ; sans être étrangers à toute démagogie, ils surent par leurs discours persuasifs stimuler les membres du comité de l'armée et insistèrent sur l'application des sanctions les plus sévères envers les mutins. Des éléments sur lesquels on pouvait compter furent choisis parmi les sections de mitrailleurs et d'éclaireurs et les équipages des autos blindés ; on en forma un corps de répression qui, dirigé par le lieutenant Adrianof, s'en alla rappeler à l'obéissance les unités d'infanterie oublieuses de toute discipline. Adrianof réussit à rétablir l'ordre sans recourir aux moyens extrêmes ; on lui remit même les principaux coupables, qui cependant échappèrent à toute punition, grâce aux mœurs instaurées dans l'armée par Kérensky.

Je ne sais malheureusement rien du sort ultérieur de ces deux officiers, qui quittèrent bientôt notre armée, ayant été nommés par le gouvernement provisoire aux fonctions de commissaires sur le front nord. Je crois que l'un d'eux, Maliévsky, prit une part active à la lutte contre les bolchéviks, à Pétrograde, en octobre 1917. En tout cas, ils laissèrent tous deux un très bon souvenir dans la IVe armée.

Ainsi, tandis que l'état-major portait tous ses efforts sur le point où se décidait la bataille, des soldats sans frein ni discipline s'apprêtaient à nous frapper dans le dos et à transformer la victoire en défaite !

CHAPITRE XI

La bataille de Mamya et de Marachéchty.

Le 26 juillet, avant le lever du jour, l'infanterie de notre VIIIe corps et l'infanterie roumaine voisine s'élancèrent ensemble à l'attaque des sommets de Mamya, qui semblaient inaccessibles. On donne ce nom à une chaîne de montagnes boisées et très accidentées, à 800 mètres d'altitude, qui s'étend entre les rivières Poutna et Trotoucha. Sans rencontrer de résistance sérieuse nulle part, à dix heures du matin, nous avions enlevé toutes les positions de l'ennemi sur le front d'attaque. Les Allemands fuyaient en désordre. Sur une seule hauteur, où notre artillerie n'avait pu éteindre le feu des mitrailleuses, l'ennemi résista quelque temps avec acharnement, mais bientôt tous ceux qui défendaient ce sommet furent faits prisonniers.

Ce succès relativement facile, dû à l'action habile de l'artillerie, remplit d'enthousiasme l'infanterie prête à l'assaut : avec les fantassins roumains, ses

voisins, elle s'élança en avant comme un ouragan,
montrant de nouveau son ancienne bravoure, désap-
prise pendant la période révolutionnaire et les interminables parlotes. Alors, les chefs purent enfin
oublier les douloureuses épreuves des derniers temps ;
les soldats, semblait-il, avaient repris confiance en
leurs supérieurs, les suivaient et leur obéissaient de
bon cœur. Au cours de la première journée d'offensive, notre infanterie avança de 10 kilomètres et
même davantage, enlevant toutes les lignes de tranchées ennemies, s'emparant d'une énorme quantité
de bouches à feu, de mitrailleuses et autre butin.
J'ai rarement vu les Allemands abandonner un champ
de bataille avec une telle précipitation ; en général,
ils résistent opiniâtrément. Canons, avant-trains, caissons à munitions, grandes réserves de provisions et
de projectiles, tout ce matériel laissé sur place témoignait d'une fuite éperdue ; la destruction complète des tranchées et des solides constructions en
béton prouvait en outre l'efficacité du tir de notre
artillerie. Nous ne fîmes que relativement peu de
prisonniers, pas plus de quinze cents, ce qui s'explique
par la rapidité du recul des Allemands.

Vers le soir du même jour, une partie de notre
artillerie avança, les hommes transportant les pièces
par les rudes sentiers montagneux. Le lendemain,
d'accord avec le général Averesco, nous devions

continuer à poursuivre énergiquement l'ennemi désarçonné.

Il semblait que le succès complet de notre attaque du 26 juillet aurait une influence favorable même sur les régiments qui n'avaient pas participé à l'action ; mais ce fut le contraire qui se produisit. Une sourde agitation continuait à régner parmi les troupes qui ne manifestaient aucun désir de prendre leur part de notre victoire.

Le 27 juillet, dès l'aube, nos régiments et ceux de l'armée du général Averesco reprirent l'offensive. sans rencontrer de violente résistance. On sentait que l'adversaire était trop ébranlé pour arrêter notre avance. Les troupes roumaines du général Averesco marchaient avec un élan, un mordant irrésistible, et ce jour-là elles atteignirent la frontière de la Hongrie ; partout, elles étaient joyeusement accueillies par la population des villages libérés des Allemands. Pour les régiments roumains, ce fut vraiment une marche triomphale. Les troupes russes, très gênées par la passivité et le moral douteux des unités qui constituaient leur flanc gauche progressèrent moins vite, cependant elles allèrent de l'avant sans arrêt.

Mais ce jour devait voir la fin de nos succès. Au soir du 27, nous reçûmes du commandant en chef l'ordre d'interrompre notre marche, en raison du cours fatal des opérations sur le front sud-ouest. Les armées de ce front étaient en proie à une telle panique, après la honteuse catastrophe de Tarnopol, qu'au grand quartier général on craignait pour l'arrière du front roumain, c'est-à-dire pour la Bessarabie. En effet, si l'ennemi, poursuivant les armées du front sud-ouest en retraite, nous avait pris à revers en Bessarabie, critique eût été la situation des troupes dans les secteurs roumains. Le quartier général du front roumain comprit le danger et, tout en prenant des mesures pour évacuer l'arrière le plus rapproché, reconnut l'impossibilité de poursuivre dans ces conditions une offensive dont le début avait été si favorable.

C'est avec douleur que nous reçûmes cet ordre. Nous nous y résignâmes, sachant combien il était justifié. Mais les Roumains ne l'acceptèrent pas aussi facilement. Par un labeur de six mois, ils avaient reconstitué leur armée ; ils n'attendaient que cette offensive, dont ils se faisaient une grande fête ; après les premiers succès, l'exaltation et l'enthousiasme ne connaissaient plus de bornes. Des perspectives radieuses se dessinaient. Et, soudain, à la suite de la défaillance de l'armée russe, désorganisée par la révolution, les troupes roumaines étaient immobilisées ; on les empêchait de jouir du fruit de leur victoire, de régler leurs comptes avec l'ennemi. Je partageais l'indignation du général Averesco au vu de l'ordre en question. Il déclara ne pouvoir arrêter ses troupes sans risquer de les démoraliser, d'être accusé lui-même de haute trahison, et ajouta qu'il n'obéirait pas. En effet, pendant quelques jours, il continua à avancer seul avec ses troupes et n'interrompit leur mouvement qu'après une nouvelle injonction du quartier général roumain.

Et, tandis que la IVe armée russe et la IIe armée roumaine remportaient de tels succès et étaient enrayées brusquement dans leur avance victorieuse, la VIe armée russe et la Ire armée roumaine continuaient à préparer leur attaque. Cependant, elles ne prirent pas l'offensive. Pourquoi ? Je n'ai pu l'apprendre. Je sais seulement qu'il faut chercher les motifs de cette inertie à la VIe armée russe et non à la Ire armée roumaine. D'après certaines rumeurs, l'infanterie de la VIe armée russe aurait refusé d'attaquer. Comme l'ordre nous enjoignant de cesser l'offensive coïncide avec la date où les VIe armée russe et Ire armée roumaine devaient attaquer, on peut admetre qu'elles ne l'ignoraient point, ce qui les porta à ne pas bouger.

L'inaction de ces deux armées eut des conséquences graves pour notre IVe armée russe. Elle aurait pu nous entraîner à une catastrophe épouvantable. Cependant, si nos régiments avaient perdu toute bravoure, ils étaient encore en état de résister. Mais ce fut le beau patriotisme des troupes roumaines qui sauva la situation.

Tranquillisé par notre arrêt et par la passivité totale des troupes sur le Sereth et le Danube (VIe armée russe et Ire armée roumaine), l'ennemi rassembla à la hâte des forces importantes dans le secteur où la Poutna se jette dans le Sereth, au sud de Marachéchty. Quelques jours après, il les lançait à l'attaque contre notre flanc gauche, essayant de pénétrer en coin le long du Sereth, entre les deux groupes d'armées du front roumain. Une bataille longue et obstinée s'engagea près de Marachéchty.

Comme je l'ai dit plus haut, les troupes du flanc gauche de la IVe armée russe, sur lesquelles Mackensen fit porter le choc, ne se distinguaient ni par leur énergie ni par un moral élevé ; n'offrant presque aucune résistance dès le premier jour de la bataille, elles abandonnèrent honteusement une partie de leurs positions, accomplissant sur le front roumain le premier acte de lâcheté des troupes russes. A grand'peine, on réussit à consolider quelque peu la situation, en remplaçant les unités russes par des roumaines et en y envoyant mon ancienne division russe, la 71e, qui, à cette époque-là, était considérée comme intacte. Ces troupes réussirent à repousser immédiatement les attaques de l'ennemi.

En ces journées d'extrême tension, l'armée roumaine reconstituée, grâce au remarquable travail des instructeurs français sous la direction du général Berthelot, fit preuve d'une vaillance, d'une endurance, d'un génie extraordinaires. Avec quelques unités de la IVe armée russe, elle arrêta pendant plus de dix jours les assauts furieux et incessants des armées de Mackensen, et de nouveau sauva la Moldavie de l'invasion des Allemands.

Pendant la bataille de Marachéchty, je me trouvai près des troupes roumaines et participai au labeur commun de leurs soldats et des nôtres ; il m'est donc permis de dire qu'en ces journées tragiques la bravoure roumaine fut merveilleuse. L'exaltation des hommes se fortifiait de la présence quotidienne du roi et du prince héritier Charles qui, en vrais héros, se tenaient constamment au milieu de leurs troupes, sur le champ de bataille. La reine elle-même, qui travaillait sans repos dans les postes de pansements et les lazarets, faisait souvent des apparitions sur la ligne de feu, étonnant tout le monde par son sang-froid et par sa compréhension de la situation. J'eus l'occasion de l'entendre déclarer, dans un secteur balayé par l'artillerie ennemie, que cette mitraille ne l'impressionnait pas beaucoup.

Les troupes roumaines, sous la direction du nouveau commandant de la Ire armée, le général Grigoresco, remplaçant le général Khrïstesco, avec le concours des nombreux officiers de la mission militaire française, ne cédèrent pas un pouce de terrain aux Allemands ; bien plus, elles obligèrent bientôt Mackensen à suspendre ses attaques qui, malgré tous ses efforts, échouèrent. Le seul résultat auquel il aboutit fut de perdre beaucoup d'hommes, tandis que les Roumains et les Russes se couvrirent de gloire en repoussant le plus redoutable des ennemis.

Au cours de ces batailles, presque toutes les unités de notre IVe armée russe, appuyées sur leur flanc droit par les troupes de la Ire armée roumaine du général Averesco, entrèrent l'une après l'autre en action. Ce général, avec ses troupes insignifiantes au point de vue numérique, mais puissantes par leur valeur morale, réussit non seulement à maintenir un front très étendu, mais prit aussi une part active à la bataille de Marachéchty.

La mi-août vit s'apaiser cette série de combats, les plus acharnés de l'année 1917 sur le front roumain et qui donnaient aux Roumains le droit de s'estimer vainqueurs. Pour les troupes russes, en revanche, ce fut le chant du cygne. Au cours même de la bataille, l'attitude de quelques-unes de leurs unités fut vraiment criminelle. Une division presque complète s'enfuit au premier contact avec l'ennemi. Elle était restée pendant six mois à l'arrière, s'adonnant exclusivement à la politique, et semant l'effroi dans la population par ses insubordinations et ses incartades. Le général Ragoza, commandant la IVe armée, qui eut cette division sous ses ordres pendant la bataille, fit une enquête ultérieure et publia dans un ordre du jour de l'armée les actes honteux de ces troupes. Mais les comités divisionnaires s'en offensèrent et décrétèrent que le général Ragoza devait être traduit en justice pour outrage à la division. Et le commissaire député pa le gouvernement provisoire sur le front roumain, qui se faisait appeler par les troupes russes « le camarade Tiesenhausen », mais qui signait « Freiherr von Tiesenhausen » (une photographie que j'ai vue de mes yeux le représente avec un groupe d'Allemands au moment des pourparlers d'armistice), ne trouva rien de mieux que d'exiger du général Ragoza la modification de l'ordre du jour incriminé. Le général s'y refusa naturellement avec indignation.

Les troupes russes qui donnèrent à la bataille de Marachéchty subirent de grosses pertes. Il y eut des régiments dont il ne resta que 400 à 600 hommes ; les officiers et les soldats d'élite, les vrais représentants de la valeur militaire russe, périrent presque tous. Nous devions recevoir d'importants renforts de Russie après cet engagement et les attendîmes avec inquiétude longtemps, en nous demandant ce que seraient ces troupes de complément qui, depuis la révolution, avaient oublié les manœuvres et ne se préoccupaient plus que de meetings. Elles arrivèrent enfin et achevèrent la ruine de l'armée.

CHAPITRE XII

*La dernière opération russe sur le front roumain
au commencement de septembre 1917 et son échec.*

Les événements qui se produisirent sur le front
italien en automne 1917 poussèrent le commandant
en chef russe à déclencher encore une offensive
dans le but d'empêcher les Austro-Allemands d'enlever leurs troupes du front russe pour les envoyer
contre l'Italie.

Comme, après les pogromes de juillet, on ne pouvait songer à entreprendre quoi que ce soit sur le
front sud-ouest, on décida d'opérer sur le front roumain, en Bukovine méridionale, au commencement
de septembre ; de plus, pour détourner l'attention
de l'ennemi, on l'attaquerait également dans un
secteur montagneux, celui de Tyrgoul-Okna, ville
située dans la plaine de la Trotoucha. Cette dernière
opération fut confiée aux troupes de la IVe armée
russe et de la IIe armée roumaine. Afin de concentrer
les forces nécessaires pour le choc principal, on
procéda à un vaste regroupement, à la suite duquel notre IVe armée, cédant quelques-unes de ses

unités à la VIe armée russe (sur le Sereth) et recevant en échange quelques corps de la IXe armée russe, vint occuper un tout autre secteur du front, dans les montagnes formant la frontière de la Hongrie, depuis les limites sud de la Bukovine jusqu'à Tyrgoul-Okna ; elle eut à sa droite la IXe armée russe et, à sa gauche, la IIe armée roumaine du général Averesco.

Nous recommençâmes donc, de concert avec les troupes roumaines, à préparer l'offensive. Parmi les troupes désignées pour l'assaut se trouvaient des régiments récemment affectés à notre armée et dont le moral ne nous inspirait aucune confiance. L'artillerie, qui avait joué un rôle si brillant lors de l'offensive de juillet, et à qui revenait en grande partie notre victoire, était, cette fois-ci, prise elle aussi du malaise général ; elle ne manifesta plus du tout le bel élan qu'elle avait eu deux mois auparavant. Impossible donc de compter sur elle pour vaincre. Techniquement, la préparation de l'attaque fut établie avec autant de soin qu'en juillet ; mais l'état d'esprit de la troupe avait empiré à un tel point en ces deux mois, une soif morbide de paix à tout prix avait gagné les hommes si profondément, que les chefs avaient perdu presque tout espoir de réussite.

Passant la revue des troupes désignées pour l'assaut, le commandant en chef et moi, nous pûmes nous rendre compte des progrès effrayants du mal qui rongeait l'armée. Le bolchévisme s'enracinait toujours davantage dans les rangs. Ne rêvant qu'à la paix et au retour à la maison, les soldats avaient renoncé à toute tenue. On voyait des physionomies haineuses, cyniques, encadrées de longs poils broussailleux. Ces hommes, leur éternelle cigarette au bec, les mains enfoncées dans les poches, avaient plutôt l'air d'une bande de brigands que de citoyens défendant leur patrie. La présence du commandant en chef de l'armée ne les troublait nullement; ils affectaient en conversant avec lui les attitudes les plus libres, grignotant des graines de tournesol, avec une insolence incroyable.

Ayant entendu la lecture d'un rapport sur l'heureuse issue d'un coup de main dans les tranchées ennemies, le commandant en chef, voulant connaître l'état d'esprit des hommes, leur demanda les raisons qui les avaient poussés à accomplir cette prouesse. On lui répondit à l'unanimité par ces mots empruntés sans doute au répertoire de quelque démagogue de régiment : « Au nom de la terre et de la liberté ! » Le commandant déclara alors qu'il comptait sur une même vaillance dans les combats imminents. Toutefois, par la suite, et en pleine bataille, ce même régiment refusa d'attaquer, toujours au nom de la terre et de la liberté.

Nos craintes se réalisèrent malheureusement en tous points : l'offensive ne fut pas couronnée de succès. La préparation de l'artillerie n'avait pas fourni d'aussi bons résultats que la première fois, peut-être parce que, dans ces forêts épaisses, les buts étaient peu visibles, mais surtout parce que nos artilleurs manquaient de cet élan, de cet enthousiasme, de ce désir de vaincre à tout prix qui les enflammaient deux mois auparavant. Quant à l'infanterie, ou bien elle ne bougea pas, ou bien elle feignit seulement d'attaquer, tout en ne sortant pas des tranchées ; seuls quelques groupes isolés, composés surtout d'officiers et d'un petit nombre de soldats, se jetèrent en avant. Mal soutenus, ils tombèrent, victimes inutiles de la poltronnerie et de l'instinct de conservation des soldats russes.

Le premier jour, l'armée roumaine voisine de la nôtre remporta quelques avantages, mais elle ne put les développer, notre appui lui ayant fait défaut.

Après deux jours d'efforts stériles, où nous essayâmes en vain de lancer nos troupes à l'attaque, il fallut y renoncer définitivement et en revenir à la défensive.

Telle fut la lamentable issue de notre dernier essai d'offensive. Tout au fond de notre âme, nous étions satisfaits qu'elle ne se fût pas terminée par une défaite ou par une catastrophe plus complète, que les soldats fussent restés en ligne au lieu de battre en retraite, ce qui aurait été très possible, car on se livrait dans les tranchées à une propagande effrénée en faveur de la cessation immédiate des hostilités et de la conclusion de la paix.

L'offensive de plus grande envergure projetée sur le front roumain en Bukovine méridionale ne se réalisa pas davantage. Les forces très importantes rassemblées à cet effet se révélèrent si gangrenées que le commandant en chef jugea impossible de tenter cette opération ; elle aurait facilement pu entraîner l'effondrement total du front. En outre, les événements qui se passaient au grand quartier général et à Pétrograde, les divergences surgies entre Kornilof et Kérensky amenèrent de tels troubles dans l'armée, allumèrent les passions politiques et intensifièrent la haine des soldats contre les officiers à tel point qu'il n'y avait plus moyen de songer à n'importe quelle opération militaire.

Ces événements marquèrent le début de la dernière période de notre séjour absolument passif dans les tranchées. Peu après éclata la révolution bolchéviste de Pétrograde, suivie de l'armistice et du départ en masse des soldats, qui quittèrent le front sans autorisation pour rentrer dans leurs foyers si mal défendus par eux. L'armée n'existait plus.

CHAPITRE XIII

L'arrivée à l'armée des commissaires du gouvernement provisoire. — Leur caractéristique et leur œuvre. — Leur triste fin.

Quoique les fonctions de commissaires du gouvernement provisoire près les commandants en chef du front et les commandants d'armée eussent été créées par décret dès le début de l'été 1917, ce fut en septembre de la même année seulement que ces nouveaux organes gouvernementaux firent leur apparition à l'horizon de notre armée. Peu après notre dernière et malheureuse offensive, en effet, nous vîmes arriver un commissaire et ses deux adjoints, tous trois nommés de fraîche date.

Même à l'heure actuelle, je ne suis pas encore parvenu à saisir quels étaient les droits, les devoirs et le cercle d'activité de ces fonctionnaires conçus par la révolution à l'exemple de la grande révolution française. Et cependant, comme chef d'état-major d'armée, j'eus affaire à eux journellement. D'ailleurs, dans des moments d'épanchement, eux-mêmes avouaient ne pas bien comprendre en quoi consistait leur mission.

En vertu d'un décret de Kérensky, les commissaires du gouvernement provisoire devaient servir d'intermédiaires entre le haut commandement et les troupes, aplanir les difficultés susceptibles de les diviser, diriger la vie politique de l'armée, veiller à l'amélioration de l'existence matérielle des soldats, ainsi qu'à leur développement intellectuel et moral. Le décret de Kérensky enjoignait aux commissaires d'envoyer leurs rapports à la chancellerie politique du ministre de la guerre, et, si je ne fais erreur, au Soviet des députés ouvriers et soldats de Pétrograde, qui avait voix à la nomination des commissaires. C'est sans doute sur l'initiative de ce fameux Soviet, désireux d'avoir des yeux et des oreilles dans le domaine militaire, que furent créées ces charges de commissaires aux armées. En pratique, on choisit surtout des membres du comité exécutif du Soviet de Pétrograde.

En tout cas, ces commissaires, je le constatai nettement, dépendaient infiniment plus du Soviet de Pétrograde que du ministre de la guerre. En plus des devoirs que leur prescrivait le décret Kérensky, ils en avaient d'autres dont on ne parlait ouvertement nulle part, mais qu'ils accomplissaient avec une ferveur spéciale. Ces besognes secrètes étaient la surveillance des états-majors au point de vue de leurs opinions politiques, afin qu'on pût prendre à temps les mesures nécessaires pour éloigner de l'armée les éléments sur lesquels on ne pouvait compter. Plus tard, après la révolution bolchéviste, lorsque tous les commissaires du gouvernement provisoire s'enfuirent précipitamment du front, abandonnant leurs bureaux et leurs affaires, j'eus l'occasion de voir dans les dossiers d'enquêtes qu'ils laissèrent, une correspondance où l'on discutait mes opinions jugées contre-révolutionnaires ; on estimait urgent de me relever de ma charge de commandant d'état-major d'armée. Le commissaire du front, le « camarade baron » Tiesenhausen, dont j'ai parlé plus haut, insistait pour que je fusse déplacé, tandis que le commissaire à l'armée n'était pas de cet avis. Cette controverse fut brusquement interrompue par les bolcheviks, et les deux commissaires partirent en toute hâte.

Les gens quelque peu au courant de la besogne incombant aux organes de « gendarmerie [1] » sous l'ancien régime, remarqueront la ressemblance frappante de leur rôle avec celui des commissariats institués par le gouvernement provisoire, ou plutôt par le Soviet de Pétrograde. La tâche des uns et des autres

---

[1] Les gendarmes du temps du tsarisme étaient surtout tenus de lutter contre les révolutionnaires.

était de lutter contre les rebelles, avec cette seule différence que les gendarmes poursuivaient les révolutionnaires, tandis que les commissaires se tenaient à l'affût des contre-révolutionnaires. Jusque dans les moyens employés, on trouve beaucoup de similitudes ; ce sont les mêmes dénonciations, la surveillance secrète, les collaborateurs choisis parmi les soldats, etc...

Cette extraordinaire analogie m'a donné le droit de qualifier ces commissaires aux armées de « gendarmes du gouvernement provisoire » et cela dès leur arrivée au front.

Le fait que les commissaires devaient servir d'intermédiaires entre le commandement et les troupes suscita une profonde perplexité parmi les soldats. Pendant des siècles, l'armée russe avait existé sans ces intermédiaires, le commandant se trouvait en rapports immédiats avec les troupes. Mais, à la révolution, aussitôt se fit sentir la nécessité de créer des charges spéciales d'intermédiaires. Les soldats comprirent évidemment la chose à leur manière ; pour eux, les commissaires étaient l'autorité à laquelle on s'adressait quand on voulait se plaindre de ses chefs. En effet, à peine arrivés aux armées, les commissaires furent assaillis de tous côtés par des hommes qui, à tort ou à raison, avaient des griefs contre leurs supérieurs.

Il ne restait dans l'armée qu'un domaine où les commissaires n'avaient pas le droit d'intervenir, celui des dispositions tactiques du commandement. Les premiers temps, ils évitèrent soigneusement de s'immiscer dans ces questions, mais bientôt, et contre leur désir, ils furent entraînés dans ce domaine aussi. A chaque instant, les comités régimentaires et les innombrables députations de soldats s'adressaient à eux au sujet de la relève des troupes en première ligne, du renforcement de l'artillerie, de l'envoi des unités à l'arrière, du manque de munitions, de la suppression des manœuvres, etc... Il arriva souvent dans notre armée que le commissaire, recevant des requêtes de ce genre, s'adressait à son tour au commandant de l'armée pour lui en demander l'exécution. Presque chaque jour, j'eus à discuter de ces choses avec le commissaire ou ses adjoints. Avec le premier, un officier d'artillerie resté sans interruption sur le front, elles se tranchaient conformément aux intérêts tactiques de l'armée ; mais il était pour le moins ridicule d'examiner les mesures militaires avec l'un des adjoints, un avocat qui n'avait jamais été au feu et ne comprenait absolument rien à l'art de la guerre.

Une chose bizarre entre toutes, c'est que, malgré leurs obligations nombreuses et extrêmement délicates, on n'avait octroyé aux commissaires aucune autorité, pas plus qu'ils n'encouraient de responsabilité. Si l'on s'expliquait cette absence de pouvoirs par le fait qu'en général, dans l'armée révolutionnaire, on ne jugeait pas bon d'attribuer l'autorité à n'importe qui, en revanche on ne comprenait guère qu'ils fussent dégagés de toute responsabilité. Cette anomalie créait souvent des situations assez étranges ; ainsi, le commissaire estimait que tel ou tel chef devait être destitué de ses fonctions à cause de ses opinions politiques subversives. N'ayant pas le droit de sévir personnellement vis-à-vis des chefs, des officiers supérieurs, il s'adressait au commandant de l'armée, afin que celui-ci usât du droit qui lui avait été laissé. Dans la majorité des cas, le commandant, ne voyant pas de motifs suffisants pour appliquer une mesure aussi radicale, ne tombait pas d'accord avec le commissaire. L'affaire passait au commandant en chef du front et au commissaire au front ; là aussi, on n'arrivait que rarement à s'entendre et l'on se mettait alors à correspondre avec la chancellerie politique du ministre de la guerre.

L'irresponsabilité complète des commissaires quant à leur activité était infiniment plus néfaste. Comme toujours, les responsabilités dans le domaine de l'armée dépendaient des autorités militaires ; quoique leurs pouvoirs fussent nuls, les vrais maîtres étaient les comités et les commissaires variés qui, responsables et rattachés seulement au Soviet des députés ouvriers et soldats de Pétrograde, s'acquittaient de leurs devoirs d'une manière très superficielle et irréfléchie.

En définitive, leur immixtion créa dans l'armée une confusion complète, transforma le pouvoir en impuissance. Le commandement militaire, dépouillé de ses prérogatives, continuait à porter les responsabilités, tandis que les commissaires, affranchis de toute obligation, jouissaient en réalité des larges prérogatives attribuées aux organes de gendarmerie, faisaient intervenir en tout et partout le point de vue politique. Après la révolution bolchéviste, ils estimèrent qu'ils avaient en toute conscience le droit d'abandonner leur poste à l'armée, sauvant leur peau et laissant aux malheureuses autorités militaires le soin de liquider les fantaisies hasardeuses du gouvernement provisoire et de payer souvent au prix de leur vie les erreurs de ce gouvernement et de ses commissaires irresponsables.

Le commissaire envoyé à notre armée par le gouvernement provisoire fut choisi parmi les membres du comité exécutif du Soviet des députés ouvriers et soldats de Pétrograde. C'était le capitaine-en-second Alexéievsky, qui, avant la révolution, était sur le front dans l'artillerie lourde ; après les événements de mars, il prit une part active aux travaux du Soviet. Homme cultivé, il avait fait d'excellentes études de droit, était avocat au barreau de Moscou et avait séjourné à l'étranger. C'était un partisan convaincu de la révolution et du nouveau régime, au service desquels il s'était consacré avec le zèle et l'ardeur de la jeunesse. Il s'efforçait de ne voir que les bons côtés de la révolution. Arrivé à l'armée avec les meilleures intentions, il ne tarda pas à éprouver de grandes désillusions. Il se rendait compte que les principes socialistes y étaient inapplicables ; mais n'ayant qu'une volonté faible, une individualité peu développée, il n'eut pas le courage de le reconnaître ouvertement et de renoncer à son poste. Il continua à accomplir sa besogne de commissaire malgré ses convictions, s'efforçant d'être utile, mais contribuant en réalité à désagréger l'armée. Dans nos entretiens, il partageait mon opinion en matière de réformes sociales dans la troupe, mais dans ses actes, il se laissait guider par des motifs contraires. Au début de la révolution, il esquissa une faible tentative de résistance envers les bolchévistes militaires ; puis, leur colère étant tombée sur lui, il lâcha pied et s'enfuit en automobile à Odessa. Je ne sais ce qu'il est devenu depuis, et, tout en ne nourrissant à son intention que de bons sentiments, j'espère ne jamais le revoir sur l'arène de la défense de la patrie.

L'un des adjoints d'Alexéievsky, nommé Meyerovitch, comme lui membre du comité exécutif du Soviet de Pétrograde et avocat à Moscou, avait fait du service militaire en qualité d'engagé volontaire dans une des villes du centre de la Russie. Sa physionomie est trop insignifiante pour que je m'arrête à l'esquisser. Sauf quelques phrases ronflantes, sa conversation était nulle ; et par sa manière de travailler, il faisait penser à un navire désemparé que le vent et les vagues entraînent à leur gré. Il nous quitta également en hâte lorsque survint la révolution bolchéviste. Je ne puis vraiment que lui adresser des remerciements, car, par sa médiocrité, il n'a pas fait grand mal à l'armée.

L'autre adjoint au commissaire, nommé Chiraief, était la personnalité la plus marquante du trio, et, par ses convictions, son honnêteté et sa force de volonté, il appartenait à un autre camp. Ami du célèbre révolutionnaire Savinkof, Chiraief avait passé douze ans en France comme émigré politique. Dès le début de la guerre, il s'engagea dans la Légion étrangère et rentra en Russie après la révolution. Lorsque, sur la proposition de Kérensky, Savinkof prit le portefeuille de ministre de la guerre, il nomma Chiraief adjoint au commissaire à notre armée. Je dois reconnaître que, les premiers temps, je traitai Chiraief avec plus de méfiance et d'hostilité que ses deux collègues ; je pensais qu'en qualité d'ancien révolutionnaire, il s'attellerait avec énergie et opiniâtreté à appliquer les principes socialistes dans l'armée et à compliquer encore davantage le travail du commandement. Cependant, je me convainquis bien vite du contraire, et mes préventions firent bientôt place à un respect sincère. Ce révolutionnaire de la vieille école, d'une haute loyauté, d'une intelligence pénétrante, plein de cœur et d'intuition, se montra sincère patriote. Il exprimait ses opinions avec une belle franchise et reconnaissait ouvertement ses erreurs. Lorsqu'il fut au courant de la situation, il comprit à quel point était dangereux tout ce qui avait été fait pour le soldat depuis la révolution. Il en souffrit profondément et, voyant qu'il n'y avait aucun moyen de sauver l'armée, il partit avec l'intention de retourner en France ou en Angleterre et de reprendre sa place dans les troupes alliées. Je ne sais s'il y parvint, mais je souhaite de tout mon cœur pour la Russie que sa vie ait été conservée.

Chiraief me dit une fois que ses amis les émigrés et lui n'avaient appris à aimer réellement leur patrie que dans les rangs de l'armée française. En effet, sa mentalité différait totalement de celle que les orateurs du gouvernement provisoire et du Soviet de Pétrograde manifestaient avec des cris et des gémissements dans chacun de leurs discours. Ces derniers confondaient l'amour de la patrie avec l'amour pour la révolution ; ils auraient été plus sincères s'ils n'avaient parlé que de l'amour qu'ils se portaient à eux-mêmes.

Les rats abandonnent, dit-on, le navire en train de couler ; c'est ainsi que nos commissaires, pressentant la ruine définitive de l'armée et le triomphe de l'anarchie, nous quittèrent au bon moment.

CHAPITRE XIV

*L'hostilité des soldats contre les officiers. — Le coup
d'Etat de Kornilof et ses conséquences sur le front.—
Les comités militaro-révolutionnaires.*

La révolution amena un changement radical dans
les rapports entre officiers et soldats. Ceux-ci consi-
dérèrent leurs chefs, bien qu'issus pour la plupart des
mêmes milieux qu'eux-mêmes, comme les représentants de l'aristocratie et de la bourgeoisie et les
accablèrent de toute la haine qu'ils vouaient aux
classes moyenne et supérieure. Leur hostilité alla
en augmentant et devint bientôt une inimitié déclarée.
Les officiers témoignèrent d'abord d'une grande
modération, mais, constamment provoqués, ils finirent par éprouver eux aussi des sentiments haineux.
L'abîme se creusa définitivement lorsque Kornilof
s'opposa à Kérensky et accomplit son coup d'Etat.
Dès lors, les soldats n'appelèrent plus leurs officiers
que « Korniloviens », employant ce mot comme syno-

nyme de contre-révolutionnaires et de partisans de l'ancien régime.

La première nouvelle du coup d'Etat de Kornilof nous arriva un matin de la mi-septembre, par un télégramme du grand quartier général signé Kornilof et dans lequel celui-ci, relatant ce qui s'était passé entre Kérensky et lui, notifiait qu'au nom du salut de la Russie, il prenait le pouvoir entre ses mains et adressait à l'armée un ardent appel, lui demandant de le soutenir. Aucune autre information ni aucun ordre du commandant en chef du front ne nous parvint, sauf celui de suspendre le fonctionnement de toutes les stations radio-télégraphiques.

Après avoir discuté de la situation, le commandant en chef de la IVe armée et moi, décidâmes de communiquer ce télégramme au commissaire à l'armée et au comité de l'armée et de prendre toutes les mesures afin que ces événements ne pussent enflammer les passions politiques dans la troupe. Nous n'avions qu'un moyen pour arriver à ce but, c'était de persuader à tout le monde de rester à l'écart de ce qui se passait entre Pétrograde et le grand quartier général et de continuer à accomplir les devoirs journaliers sur le front. Il nous semblait que si nous obtenions ce résultat, nous préservions par là même l'armée des luttes intestines presque inévitables entre les partisans de Kérensky et ceux de Kornilof et qui pouvaient entraîner la chute du front tout entier. A force d'arguments et d'explications, nous fîmes partager cette opinion au commissaire et au comité de l'armée, avec peine d'ailleurs, en ce qui concerne ce dernier, car une certaine agitation se manifestait déjà parmi ses membres, agitation provoquée par le silence de la station radio-télégraphique, ainsi que par l'absence de toutes nouvelles de Kérensky. Cependant, grâce à l'attitude résolue du capitaine Maliévsky, dont j'ai déjà parlé et qui présidait ce comité, le calme revint bientôt dans cet aéropage.

Par télégraphe, on annonça aux troupes ce qui s'était passé et on leur demanda de persévérer dans l'accomplissement de leurs devoirs immédiats envers la patrie, sans se laisser détourner par d'autres considérations. Les premiers jours, rien ne troubla la tranquillité et nous aurions sans doute pu traverser sans encombre cette nouvelle crise, si les événements qui se produisirent sur le front sud-ouest, notre voisin, et l'intervention déplacée et inopportune du commissaire et du comité de l'armée n'étaient venus anéantir tous nos projets.

Malgré la fermeture annoncée des stations, un radiogramme de Kérensky atteignit l'armée. Dans le style hystérique qui lui est propre, il appelait Kornilof traitre et félon, et, sur un ton qui ne convenait nullement à un chef du gouvernement, annonçait qu'il l'avait destitué de sa charge de commandant en chef des armées, qu'il défendait qu'on lui obéît et ordonnait qu'on prît les mesures les plus sévères envers ses partisans. Bientôt, après ce radiogramme, qui se répandit très vite parmi la troupe, arrivèrent des dépêches du front sud-ouest annonçant qu'il s'y formait partout des comités militaro-révolutionnaires spéciaux ; le général Denikine, commandant de ce front, et une série d'autres généraux qui avaient pris le parti de Kornilof, étaient arrêtés. Enfin, du quartier général de notre front, on nous télégraphia pour nous annoncer la formation d'un comité militaro-révolutionnaire qui s'attribuait l'autorité suprême sur ce front dans tous les domaines, sauf celui des opérations effectives, et préconisait la formation dans toutes les armées de comités similaires ayant les mêmes droits.

Ces nouvelles et ces innovations démagogiques allumèrent de nouveau les passions et réduisirent presque à néant nos efforts pour éviter un ébranlement parmi nos hommes. Les passions politiques, la haine, la méfiance mutuelle redoublèrent d'intensité dans toutes les unités et il fallut beaucoup d'abnégation et beaucoup de travail pour ramener tant soit peu dans son lit ce torrent bouillonnant.

Nous étions parvenus à faire comprendre au commissaire à l'armée et au comité de l'armée l'inutilité

absolue des comités militaro-politiques, et avions
insisté pour qu'il n'en fût pas formé dans notre
armée ; néanmoins, grâce à l'agitation des démagogues
de régiment, quelques-uns de ces groupements s'organisèrent sans autorisation dans certaines divisions
et s'attribuèrent encore plus d'autorité, quoiqu'en
réalité ils n'en eussent aucune. Ces comités sans
mandat ou plutôt ces masses informes se mirent
bientôt à interroger les commandants et les officiers,
afin de savoir si ceux-ci étaient partisans de Kérensky
ou de Kornilof. Et malgré tout le tact et la modération dont les chefs firent preuve, ces enquêtes
conduisirent à des heurts continuels, à des demandes
de destitution à l'égard de tel ou tel chef, ou à l'éloignement des officiers suspects d'appartenir au parti
de Kornilof. Plusieurs semaines s'écoulèrent avant
que les passions se fussent un peu apaisées.

En majorité, les officiers approuvaient naturellement le coup d'Etat de Kornilof, car ils croyaient à la
pureté de ses intentions, à son ardent patriotisme ; ils
demeuraient persuadés que Kornilof ramènerait l'ordre dans l'armée, s'il parvenait à vaincre Kérensky.
A cette époque-là, les officiers avaient perdu toute
confiance en ce dernier, qui ne comptait que de rares
partisans dans leurs rangs. Mais les soldats, pressentant que Kornilof victorieux leur enlèverait les
libertés octroyées par Kérensky et restaurerait la

discipline dans l'armée, étaient presque tous du parti
de Kérensky. Sans connaître encore les détails ni
surtout les dessous de la dissension entre Kornilof
et le ministre de la guerre, mais sympathisant de tout
cœur avec le premier, nous considérions toutefois
son coup d'Etat comme prématuré, dépourvu de
chances de réussite et par là même néfaste pour
l'armée ; il pouvait entraîner la guerre civile et des
massacres sur le front. C'est pourquoi nous estimions
que l'armée devait se tenir à l'écart du conflit
Kérensky-Kornilof ; nous y réussîmes en partie,
malgré les intrusions du comité militaro-révolutionnaire du front.

Mais maintenant, je suis au courant de bien des
choses que j'ignorais alors ; je connais la laideur du
rôle de Kérensky et sa trahison envers Kornilof et je
comprends que ce derniert n'ait pu agir autrement
qu'il l'a fait. Quoique le succès fût douteux, étant
donné que la masse des soldats penchait pour Kérensky, Kornilof devait faire le pas décisif, si même
il n'y était pas suffisamment préparé. L'histoire
appréciera.

Quant à Kérensky, il manifesta une fois de plus
dans ces événements son manque de perspicacité,
son indécision, sa faiblesse de caractère. Il est difficile de se représenter qu'il ne comprît pas la portée
du danger maximaliste imminent, puisque même

nous qui étions sur le front l'apercevions très nettement. Kérensky n'a-t-il donc pas saisi que s'il
n'anéantissait pas à temps le noyau des bolcheviks,
la vague noire le balaierait infailliblement lui-même
et tout le gouvernement? Il préféra continuer dans
la voie de l'équivoque, louvoyant entre le gouvernement reconnu en Russie et le Soviet bolchéviste de
Pétrograde. Mais il ne put demeurer longtemps dans
une situation aussi instable.

CHAPITRE XV

*L'état d'esprit dans l'armée en septembre et octobre 1917
avant la révolution bolchéviste ; le congrès du front
et son influence sur le moral des troupes. — L'agonie
de l'armée commence.*

La seconde quinzaine de septembre et le commencement d'octobre se passèrent à ramener tant soit
peu le calme dans l'armée. On n'y arrivait qu'à
grand'peine et la tranquillité était sans cesse troublée
par les épisodes les plus divers. A cette époque, nos
positions de combat offraient le spectacle le plus
original : le silence était complet, pas un seul coup
de feu, ni de notre côté, ni du côté de l'adversaire ;
aucune mesure de précaution ou de défense n'était
prise ; en revanche, nos soldats entretenaient les
relations les plus animées avec l'ennemi, aussi bien
dans le domaine du sentiment que dans celui du
commerce. Pendant les tournées que je faisais alors
dans les tranchées, j'oubliais complètement que je
me trouvais à quelques centaines de pas des Alle-

mands. Il n'était naturellement plus question de patrouilles ni de reconnaissances. Il n'y avait pas moyen de forcer nos soldats à agir ; ils étaient en termes trop amicaux avec l'ennemi et ils auraient considéré comme une trahison de l'attaquer.

Allemands et Autrichiens exploitaient naturellement à leur profit les dispositions pacifiques de nos soldats et ils avaient adopté un système rationnel de communications qui devait leur donner de meilleurs résultats que les opérations militaires, sans en entraîner les risques et les pertes. Nos ennemis formèrent dans chacune de leurs compagnies une escouade spéciale chargée d'entrer en rapports avec nos hommes et seule autorisée à leur parler ; les membres de ces escouades recevaient à l'avance des instructions détaillées sur les sujets de conversation à traiter, les idées à répandre, les informations à recueillir, etc... En outre, ces groupes étaient abondamment pourvus de littérature russe « made in Germany » qu'ils devaient distribuer dans nos tranchées. En avant de leurs boyaux, les Allemands et les Autrichiens établirent de nombreuses boîtes aux lettres spéciales, et ils proposèrent à nos soldats d'y mettre le courrier destiné à leurs familles restées dans les provinces russes occupées ou à leurs camarades prisonniers ; ils promirent également à nos hommes de leur transmettre la réponse à ces lettres. On peut se représenter la quantité de renseignements utiles que les Allemands purent extraire de ces correspondances. Enfin, ils organisèrent sur tout le front des boutiques spéciales, où ils vendaient à nos soldats, à très bon marché, ou en échange de pain et de sucre, des bagatelles diverses.

Ainsi, les ennemis s'attachèrent le cœur naïf de nos hommes et peu à peu les habituèrent à voir en eux non plus des adversaires mais des amis, leur enlevant le reste de velléité qu'ils avaient encore de continuer à combattre. D'autre part, grâce à ces relations, les Allemands se tenaient au courant de tout ce qui se passait sur notre front comme à l'intérieur du pays.

Les chefs et les officiers luttèrent en vain contre cet état de choses. Par la faute de Kérensky, ils étaient dépouillés de leur autorité, et les soldats poussés dans une voie criminelle non seulement par les séductions allemandes, mais aussi par la violente agitation de l'arrière. Les hommes portaient dans les boutiques du front ennemi le pain et le sucre que l'on envoyait en abondance, mais avec beaucoup de peine, sur les lignes et qui devenaient de plus en plus chers et rares pour les habitants de l'intérieur de la Russie. Ce qu'il y avait de révoltant, c'est que ces mêmes soldats se plaignaient d'être mal nourris et de ne pas recevoir assez de sucre et de pain après en avoir cédé leur rations à l'ennemi.

Nous avions beau signaler ces faits déplorables à la chancellerie politique du ministère de la guerre, on ne lisait pas nos rapports, ou on avait autre chose à faire que de s'y intéresser ; toute l'attention du ministre de la guerre et du chef du gouvernement provisoire était accaparée par l'extension de la révolution et par la lutte pour le pouvoir contre Kornilof.

Durant cette période, il ne fut plus question de manœuvres ni d'exercices sur le front ; impossible d'obliger les soldats à accepter la moindre corvée. Dans les meetings et dans leurs entretiens avec les supérieurs, ils témoignaient d'une audace extraordinaire ; en réalité, ils avaient peur non seulement du feu de l'adversaire, mais du bruissement de la forêt. Seuls leurs chefs ne leur inspiraient aucune crainte. L'un des régiments de la division que je commandais auparavant occupait dans la montagne un secteur couvert d'une épaisse forêt ; comme en cet endroit, l'ennemi se trouvait à une distance assez éloignée, on envoyait généralement des patrouilles aux alentours. A la fin de septembre, quelqu'un s'amusa à répandre le bruit qu'un crocodile caché dans la forêt dévorait les soldats. Ceux-ci refusèrent définitivement de patrouiller en avant des tranchées, et le commandant de la division me raconta que souvent les soldats récemment affectés à la division, orateurs loquaces des meetings, pleuraient comme des enfants quand on les envoyait en reconnaissance.

En général, pendant cette période, les soldats du front eurent une existence très agréable ; alors qu'auparavant leur unique désir était d'être envoyés à l'arrière ou aux convois, ils s'efforçaient maintenant d'éviter ce sort, car dans les lignes ils se croisaient les bras et ne risquaient rien, tandis qu'à l'arrière, le travail les menaçait, sous forme de pansage des chevaux et autres besognes. Ils se déshabituèrent alors non seulement de faire la guerre, mais encore de travailler.

Pourtant, quelquefois, en pleine sécurité, les soldats témoignaient d'une façon bien particulière de quelque velléité combative. Je faillis même payer de ma vie un de ces accès belliqueux. Comme je parcourais en automobile le secteur d'un des corps d'armée, un aéroplane autrichien abattu par nos aviateurs tomba à proximité ; je me dirigeai sur les lieux, mais les Autrichiens avaient réussi à mettre le feu à leur appareil avant mon arrivée et on les avait envoyés dans un lazaret de typhiques situé non loin de là. L'aviateur était grièvement atteint, l'observateur sain et sauf. Tandis qu'on pansait le blessé, les soldats d'un régiment stationné dans ce lieu s'assemblèrent autour de nous. Le pansement achevé, je fis monter les deux Autrichiens dans mon automobile afin de les transporter dans une autre ambulance, car on ne pouvait laisser un blessé dans un lazaret de typhiques. Quant à l'observateur, je voulais l'emmener ensuite personnellement à l'état-major le plus rapproché. Mais la foule des soldats insubordonnés qui nous entourait et qui, on ne sait pourquoi, était hostile aux Autrichiens prisonniers, ne voulut pas les laisser partir. De tous côtés s'élevèrent des exclamations : on ne pouvait pas lâcher ces Autrichiens, ils avaient incendié leur appareil, il fallait les achever sur place, car chez eux on massacrait aussi nos aviateurs. Je n'eus aucun succès quand j'essayai d'expliquer qu'un adversaire captif et désarmé n'est plus un ennemi et que je remettrais aux autorités compétentes les deux prisonniers. La foule s'excitait de plus en plus et assiégeait l'automobile, en criant : « Le général veut emmener les Autrichiens pour les relâcher après ! Qu'en pensez-vous, si on en finissait tout de suite avec les Autrichiens et avec le général en même temps ? » L'affaire tournait au tragique et il fallait prendre immédiatement une décision afin de sauver les Autrichiens innocents et d'échapper moi-même à la foule surexcitée. Par bonheur, nos braves soldats ne mettent pas si vite leurs menaces à exécution quand il s'agit d'une mauvaise action. Tandis qu'ils discutaient entre eux s'il fallait « faire leur affaire » au général et aux deux Autrichiens, je donnai l'ordre à voix basse à mon fidèle chauffeur, Molodkine (à mon service depuis trois ans), de partir à toute allure ; puis je criai aux soldats que je n'avais pas le temps de palabrer avec eux, que je devais partir ; je leur ordonnai de s'écarter et de nous laisser passer. La foule, d'abord docile, se ravisa et se précipita à la poursuite de l'automobile, mais naturellement sans parvenir à nous rattraper. J'étais honteux devant ces Autrichiens, qui devinèrent ce qui se passait (l'un d'eux était Polonais et comprenait le russe) et qui me remercièrent de leur avoir sauvé la vie.

J'ai rapporté cet épisode en détail, car il caractérise bien l'état d'insubordination et d'exaspération dans lequel se trouvaient les soldats de notre armée en octobre 1917. Un grand nombre d'officiers supérieurs furent victimes en des circonstances analogues de cette soldatesque brutale et déchaînée.

A ce moment-là, le comité militaro-révolutionnaire près l'état-major du front roumain s'étant déclaré autorité suprême, eut l'idée lumineuse de vouloir tranquilliser les troupes en convoquant un congrès général de représentants de toutes les unités du front afin d'étudier la situation et d'adopter une commune attitude en présence des événements politiques survenus en Russie.

On ne pouvait songer à réunir ce congrès à Jassy, résidence du roi de Roumanie et quartier général de l'état-major du front. Sur la proposition des autorités militaires roumaines, on choisit la ville de Roman, où cantonnait à cette époque l'état-major de notre armée. Je me réjouissais d'avance à l'idée de voir parmi nous les délégués de toutes les unités russes et d'entendre leurs billevesées révolutionnaires. La réalité devait encore dépasser mes prévisions.

Le congrès s'ouvrit quelques jours après la révolution bolchéviste de Pétrograde, qui fut le principal sujet de tous les discours.

Lorsque le commandant de l'armée eut souhaité la bienvenue aux congressistes par quelques paroles brèves et mesurées, ce fut un vrai torrent de propos insensés, de mises aux voix continuelles, de vœux formulés par les divers partis politiques, de menaces proférées par les uns et les autres de « faire sauter le congrès », c'est-à-dire de s'en aller. Dans cette cacophonie, les mélodies bolchévistes prédominaient ; on n'entendit presque pas de discours modérés capables de ramener le calme, et la note patriotique ne résonna guère.

Enfin, après trois jours de session, l'assemblée fut dissoute, non sans avoir approuvé une formule qui reconnaissait le coup d'Etat des bolchévistes comme un acte révolutionnaire, c'est-à-dire légal, mais inopportun. Les congressistes s'en retournèrent donc à leurs unités respectives, emportant la conviction que les bolchévistes avaient raison.

Quant à moi, ce congrès me prouva une fois de plus que dans l'armée, comme en général dans toute la Russie, les gens avaient presque tous perdu la tête et que la tâche urgente du gouvernement, quel qu'il fût, était la construction d'un nombre immense d'asiles d'aliénés.

Dans notre armée, le retour des congressistes fut marqué par le développement extraordinaire des tendances maximalistes. On peut dire que, dès ce moment-là, toute l'armée devint bolchéviste.

Les soldats exigèrent la conclusion immédiate de la paix et la démobilisation, menaçant de quitter le front en masse si on ne les écoutait pas ; ils demandèrent l'application dans l'armée du principe électif dans toute son ampleur et d'être mis sur le pied d'une égalité complète avec les officiers.

Au sens intégral du mot, ce fut le commencement de l'agonie de l'armée russe et de la décomposition du front de combat.

CHAPITRE XVI

Les événements dans l'armée en novembre
et décembre 1917.

A partir de novembre, les événements qui accompagnèrent l'agonie de l'armée se précipitèrent avec une telle rapidité qu'il est presque impossible de les relater d'une manière suivie.

Notre armée qui, grâce à nos exhortations, avait renoncé pendant un certain temps à la formation des comités militaro-révolutionnaires, ne sut pas résister à la tentation de prendre le pouvoir en mains après le congrès du front. Au commencement de novembre, le comité de notre armée constitua dans son sein un comité militaro-révolutionnaire spécial, dont les membres, parfaitement corrects et modérés d'ailleurs, ne firent aucune besogne efficace, mais rendirent encore plus compliquée la tâche du commandement. Maintenant, le commissaire de l'armée s'étant rendu compte qu'il ne pouvait absolument rien faire, avait renoncé à toute activité et se préparait à partir.

L'état-major du commandant en chef suprême à Moghilef était complètement aux mains des bolchévistes. Et l'ancien sous-officier Krilenko, l'homme placé par eux à la tête de toutes les armées, après qu'il eut si atrocement châtié le général Doukhonine (pour avoir pris le commandement en chef après la disparition de Kérensky et avoir refusé de conclure l'armistice avec l'Allemagne), Krilenko, dis-je, entra en pourparlers avec l'ennemi pour la conclusion de l'armistice qui fut bientôt signé à Brest-Litovsk. Sur le front, on affirmait avec conviction que les Allemands avaient déclaré aux chefs maximalistes Trotski et Lénine qu'ils ne consentiraient à parler d'armistice que lorsque les bolchévistes seraient en possession du grand quartier général, c'est-à-dire des rouages techniques de la direction de toutes les armées ; c'est ainsi qu'on expliquait la hâte et la brutalité que les bolchévistes mirent à s'emparer du grand quartier général. Si la chose est vraie, elle fait grand « honneur » au génie des Allemands dans leurs procédés de lutte. Mais les événements de Moghilef couvrent d'une honte encore plus grande les généraux russes qui consentirent à se faire les complices de la bande Lénine et Trotski. Et parmi ces complices, il faut citer en premier lieu le général Bontch-Brouiévitch, ancien officier de la garde, qui plus tard, en sa qualité d'officier du grand état-major, jouit de la pleine confiance de Dragomirof, fut l'ami de Soukhomlinof et, pendant de longues années, fit partie du collège d'enseignement de l'Académie militaire Nicolas. Par le rôle qu'il joua comme chef d'état-major sous Krilenko, il a mis sur son nom le sceau de l'infamie.

Ni le général Chtcherbatchef, commandant en chef de toutes les troupes russes sur le front roumain, ni aucun des officiers supérieurs des armées sur le front ne reconnurent le gouvernement bolchéviste, pas plus que le commandant suprême nommé par celui-ci, et de qui émanaient des ordres insensés, accompagnés de menaces. A ces injonctions, on n'obéit naturellement pas ; mais, par malheur, les troupes furent très vite au courant des dispositions nouvelles, car le secret des communications télégraphiques n'existait plus. Puis le gouvernement maximaliste destitua de leurs fonctions le général Chtcherbatchef et tous les officiers supérieurs du front roumain, les déclarant en même temps hors la loi.

Ces dispositions n'eurent toutefois qu'un caractère tout théorique, car leurs auteurs étaient encore incapables de les faire exécuter. Au commencement de décembre, le général Chtcherbatchef et les officiers supérieurs nommés par le gouvernement provisoire étaient toujours à leur poste et continuaient à considérer les troupes placées sous leurs ordres comme en état de guerre, puisqu'ils ne reconnaissaient pas l'armistice conclu par Krilenko.

Le quartier général roumain, qui jusqu'alors s'était efforcé d'intervenir le moins possible dans les affaires des armées russes, comprit que les événements prenaient une tournure menaçante à la fois pour les intérêts roumains et pour la population indigène. Aussi résolut-il de dégarnir en quelque mesure le front pour renforcer la garnison roumaine de Jassy, et de placer des unités roumaines sur les points les plus importants du territoire roumain défendu par les Russes. Ces unités devaient coopérer avec les autorités locales, au cas où les troupes russes se livreraient à des actes de violence ; elles devaient également préserver les officiers supérieurs russes des attentats possibles de leurs hommes.

Comme on le voit, nos alliés roumains avaient cessé de considérer les Russes comme une armée alliée ; à leurs yeux, il n'y avait plus que des bandes armées contre lesquelles il était nécessaire de se mettre en garde.

A la fin de novembre, eurent lieu les premières arrestations de chefs militaires faites par des soldats et des officiers traîtres à leurs devoirs ; d'autres chefs désignés par élection les remplacèrent. Au XXIVe

corps, une escouade de soldats dirigée par le sous-lieutenant Kondourouchkine, récemment arrivé au front, arrêta le général Novakof, commandant la 48e division d'infanterie, et nomma à sa place un officier de l'état-major de la même division, le capitaine en second Kouznetzof, qui eut le cynisme d'assumer effectivement le commandement de la division. Ensuite, on procéda dans cette même division à l'arrestation des commandants de régiments, auxquels on substitua des chefs appelés par élection. D'ailleurs, le terme « élection » est incorrect dans les cas donnés, car ces supérieurs ne furent pas élus, mais simplement choisis par des bandes de soldats mutinés. Et il ne se trouva pas même une poignée d'hommes fidèles à leur devoir et à leurs chefs et capables de réagir contre ces irrégularités. L'escouade dirigée par Kondourouchkine se rendit, escortée de mitrailleuses, à l'état-major du XXIVe corps, où elle ne rencontra pas de résistance non plus, y arrêta le général Troijanof [1], commandant le corps, et mit à sa place un sous-lieutenant.

----

[1] Ce jeune général, énergique et courageux, commanda pendant les batailles de juin, sous Tarnopol, une brigade de Tchéco-Slovaques qui se battit héroïquement. Plus tard, après son arrestation, le général Troijanof fut assailli par six soldats qui lui portèrent des coups de baïonnette ; il en garda huit blessures et eut le poumon traversé deux fois. Il se défendit avec un tabouret et réussit à faire sortir de la chambre ses lâches agresseurs et à sauver ainsi sa vie. Il resta en Rou-

Lorsque la nouvelle de ce qui s'était passé au XXIVe corps arriva à notre état-major par des voies détournées (car le télégraphe et le poste de radio-télégraphie étaient aux mains des bolchévistes, qui ne permettaient aucune communication) le commandant en chef eut l'amertume d'apprendre que, dans toute l'armée, *il n'y avait pas une seule unité* qu'il pût envoyer au XXIVe corps pour y rétablir l'ordre. Selon les déclarations d'officiers supérieurs, les régiments étaient partisans des maximalistes, au point qu'ils auraient refusé d'obéir si on le leur avait enjoint.

Cette situation durait depuis plusieurs jours déjà, lorsqu'un beau matin, à l'aube, quelques automobiles amenèrent à Roman, où se trouvait le quartier général de l'armée, le lieutenant Kondourouchkine, ses mitrailleuses et sa bande. Ils arrêtèrent le commandant en chef de l'armée, et le laissèrent sous la surveillance de fusiliers et de mitrailleurs. Puis, Kondourouchkine et ses gens se rendirent en ville pour me chercher et m'arrêter. Mais, dans leur étourderie, ils ne s'étaient pas informés de ma résidence et, après avoir parcouru les rues en tous sens pendant une heure, ils renoncèrent à me rencontrer. Ils se rendirent alors au quartier général,

manie et en Russie jusqu'en juillet 1918 ; je ne sais ce qu'il est devenu depuis.

placèrent des sentinelles au télégraphe et déclarèrent que le commandement en chef de l'armée était confié à un sous-lieutenant dont je ne me rappelle pas même le nom. On ne pouvait lancer un seul télégramme sans que celui-ci n'en fût informé. Pendant ce temps, d'autres membres de la bande Kondourouchkine s'en allèrent à la poursuite du commissaire de l'armée, de ses adjoints et des membres des comités militaro-révolutionnaires ; la plupart de ces personnes, notamment le commissaire, eurent le temps de se cacher; les autres furent arrêtées.

Mis au courant de ce qui se passait, je compris qu'il était impossible d'entreprendre quoi que ce soit pour délivrer mon commandant et s'emparer de la bande de Kondourouchkine. Le général Ragoza, commandant de la IV\ armée, ayant prévu la possibilité de son arrestation par les bolchéviks, sachant qu'il ne pouvait compter sur aucune de ses unités, m'avait donné d'avance l'ordre de ne pas employer la force pour le délivrer au cas où il serait arrêté, pensant que cela donnerait lieu à une nouvelle série de troubles dont les officiers seraient les victimes.

Je ne me tenais pas comme obligé de suivre cet ordre du général Ragoza, après son arrestation par les bolchéviks, mais lorsque je pesai le pour et le contre, je dus reconnaître que, dans l'armée russe, il ne restait pas le moindre élément sur lequel je pusse compter avec certitude. Le bataillon d'assaut de la 71e division d'infanterie (mon ancienne division) se trouvait encore sur les lieux. Formé de volontaires et détaché au quartier général de l'armée par le comité militaro-révolutionnaire, il comptait d'excellents officiers de campagne, que je connaissais personnellement et auxquels je pouvais me fier. Mais la troupe consistait presque exclusivement en jeunes gens sans aucune préparation militaire, qui n'avaient pas pris part aux combats et n'auraient sans doute pas été capables de faire preuve d'une endurance morale suffisante. Cette dernière supposition se trouva confirmée par la suite. Enfin, dans le secteur occupé par l'état-major de l'armée il y avait encore une compagnie roumaine, que le lieutenant-colonel roumain Dounka, affecté à notre armée, me proposa d'employer pour délivrer le général Ragoza. Mais l'intervention d'une unité roumaine aurait infailliblement entraîné une collision sur le front entre les troupes russes et les troupes roumaines, ce qu'il fallait éviter à tout prix, selon moi. Aussi renonçai-je à délivrer le commandant de l'armée.

Je me rendis ensuite, au quartier général afin de voir ce qui s'y passait. Dans le bureau du télégraphe militaire, occupé par une garde bolchéviste, je trouvai Kondourouchkine en personne et j'engageai la conversation avec lui, pour me rendre compte de ses desseins. Je pus me convaincre qu'il n'avait pas une vision nette de ce qu'il convenait de décider et que, si nous abandonnions nos postes et notre besogne, les officiers supérieurs et moi, ce serait l'anarchie complète et même la famine à bref délai. C'est pourquoi je déclarai à Kondourouchkine que l'état-major de l'armée et moi nous continuerions à assurer le travail technique nécessaire à la vie courante de l'armée, sans reconnaître comme chefs les nouveaux élus, et que je ne donnerais ni ne transmettrais aucun ordre contraire à ma conscience ou à mon devoir. Au cas où je jugerais impossible de diriger le travail de l'état-major, déclarai-je à Kondourouchkine, je cesserais sur-le-champ toute activité et me démettrais de ma charge de chef d'état-major de l'armée.

Puis, j'allai chez le général Ragoza ; les hommes préposés à sa garde me laissèrent pénétrer dans l'appartement et je dînai avec lui, sous la surveillance des sentinelles.

A peine rentré chez moi, je vis arriver un des officiers du bataillon d'assaut de la 71e division d'infanterie, qui m'informa que le commissaire à l'armée, s'attendant à être arrêté et passant la nuit chez lui, avait fait appeler le commandant du bataillon hors de la ville, dans un faubourg, et lui avait ordonné d'arrêter Kondourouchkine et ses complices et de délivrer le général Ragoza. Il m'annonça aussi que les bolchéviks qui se trouvaient dans les locaux de l'état-major de l'armée étaient déjà prisonniers et me demanda une automobile pour se rendre à la demeure du commandant de l'armée, afin de le mettre en liberté avec le secours de sa propre compagnie. Je lui procurai immédiatement l'automobile. Les bolchéviks de Kondourouchkine ne firent aucune résistance. Le commandant de l'armée fut relâché. Kondourouchkine et ceux de ses acolytes qui n'avaient pas eu le temps de fuir furent arrêtés.

Après avoir été chercher le commissaire à l'armée, qui arriva chez le général Ragoza, j'insistai sur la nécessité de prendre immédiatement des mesures martiales pour isoler l'état-major et le protéger contre le XXIVe corps, car selon des informations que nous venions de recevoir, on s'y préparait à envoyer par fourgons automobiles au secours de Kondourouchkine quelques compagnies munies de mitrailleuses. Mais le commissaire à l'armée et le comité militaro-révolutionnaire, craignant la colère et la vengeance des troupes régulières, avaient changé d'avis et étaient déjà entrés en pourparlers avec Kondourouchkine et sa bande. Pour finir, ceux-ci furent relaxés et les mêmes automobiles qui les avaient amenés les reconduisirent à leur XXIVe corps.

CHAPITRE XVII

*Je quitte la IVe armée totalement gangrenée
par le bolchévisme.*

La tournure que les événements prenaient ne
présageait rien de bon. Tous les jours, on pouvait
s'attendre à la répétition de l'exploit de Kondourouchkine, sur une plus vaste échelle encore. D'ailleurs de retour à son corps — retour triomphal —
Kondourouchkine redoubla d'efforts pour propager
le bolchévisme dans cette unité. « Vous voyez, di-
sait-il aux soldats, ils n'ont pas osé toucher à un
seul cheveu de ma tête, ils ont peur de nous » Il
n'était possible de se défendre qu'en recourant à des
mesures purement militaires. Seulement, nous n'a-
vions aucune possibilité de prendre ces mesures. Le
même jour, mes suppositions quant à l'instabilité
des soldats du bataillon d'assaut se vérifièrent :
craignant les représailles des bolchéviks, ils me supplièrent de les envoyer à l'arrière le plus vite possible ; c'est ce que je fis, car ces hommes ne pou-

vaient plus protéger le commandant de l'armée ni l'état-major.

Le même jour aussi, le commissaire à l'armée se décida à partir. Son exemple fut imité par les membres des comités de l'armée et du comité militaro-révolutionnaire, qui, pour déguiser leur fuite, me demandèrent des permis de congé. Il n'y avait aucune raison pour les retenir.

Le comité militaro-révolutionnaire eut une attitude beaucoup plus déplaisante : comme il reconnaissait ne plus réfléter les sentiments de la majorité des troupes, il annonça qu'il se démettait de ses pleins pouvoirs et proposa à l'armée d'élire de nouveaux membres.

C'est ainsi que tous les organes du gouvernement provisoire, créés par la révolution avec l'approbation du ministre de la guerre et délégués à l'état-major de l'armée, se rendirent au premier assaut des bolchéviks. Et de nouveau il ne resta à l'état-major que les officiers supérieurs, sans autorité, sans pouvoir, sans défense et qui devaient payer pour les fautes d'autrui.

Ces événements produisirent une telle impression sur le général Ragoza, qu'il se déclara incapable de demeurer à son poste. Ayant obtenu un congé du commandant en chef, il partit bientôt pour ne plus revenir. Nous nous séparâmes avec tristesse. Cet homme, grâce à son abord facile, à son sens de la justice et à sa bonté, jouissait de toutes les sympathies parmi les officiers comme parmi les soldats. Entièrement consacré à l'armée, à laquelle il avait donné un demi-siècle de sa vie et qu'il connaissait à fond, il s'était toujours tenu à l'écart de la politique. Maintenant, devenu la victime de ces intrigues abhorrées, il repartait pour la Russie, où il désirait achever ses jours en simple particulier. Mais le sort en décida autrement. Au commencement de l'année 1918, le bruit courut dans les troupes et aussi dans les journaux que les bolchéviks s'étaient emparés du général Ragoza et l'avaient pendu. Cette rumeur était inexacte. Lorsque Skoropadsky eut pris le pouvoir en Ukraine, il proposa le portefeuille de ministre de la guerre au général, qui se trouva ainsi jeté dans la vie politique.

En qualité de chef d'état-major de l'armée, je devais prendre la succession de Ragoza. Malgré les circonstances déplorables, je ne songeai pas tout d'abord à refuser cette difficile mission. Cependant, avant même le départ de Ragoza, il se produisit des événements tels qu'il n'était possible de demeurer au commandement de l'armée qu'en renonçant totalement à ces principes de devoir et d'honneur militaire dont je m'étais toujours inspiré pendant mes trente années de service. Je n'eus pas la force d'y consentir et je quittai l'armée, comme l'avait fait le général Ragoza.

Voici ce qui s'était passé :

L'anarchie qui se manifestait dans les troupes russes du front roumain nous empêchait de nous maintenir plus longtemps. A la moindre pression de l'ennemi, les contingents russes auraient pris la fuite et placé les unités roumaines dans une situation désespérée, ce qui aurait sans doute entraîné l'occupation de la Moldavie tout entière et d'une partie de la Bessarabie. Cette situation menaçante poussa le général Chtcherbatchef, commandant en chef des troupes russes sur le front roumain, à l'héroïque résolution de conclure un armistice afin de sauver l'armée roumaine d'un désastre et d'épargner à la Moldavie et à la Bessarabie l'invasion ennemie. Le général nourrissait en outre le faible espoir de voir l'ordre restauré dans les troupes, grâce à la nationalisation des unités régimentaires qui commençait alors ; il pensait pouvoir, à la fin de l'armistice, rétablir le front avec des troupes nationales débarrassées des éléments de décomposition. Lorsque cette mesure fut examinée de concert avec tous les représentants diplomatiques et militaires des Etats alliés, le général Chtcherbatchef obtint la permission du roi de Roumanie d'entrer en pourparlers avec l'ennemi pour la conclusion d'un armistice. Dès que le roi Ferdinand eut renoncé au commandement en chef des troupes du front, les conférences commencèrent entre les délégués des quartiers généraux roumains et russes et les représentants de l'ennemi. Vers la mi-décembre, l'armistice était signé.

Selon les conditions de cet accord, toutes les troupes du front roumain demeuraient sur les positions qu'elles occupaient ; de cette manière, la Moldavie et la Bessarabie étaient préservées de l'occupation austro-allemande.

Immédiatement après la conclusion de l'armistice, le général Chtcherbatchef décida de libérer les soldats des plus vieilles classes, supposant que cette mesure, jointe à la période d'accalmie, ramènerait quelque tranquillité. Mais la disposition des esprits n'en fut pas modifiée. Dans des régiments, les chefs bolchéviks résolurent de s'emparer de tous les pouvoirs, et les soldats, profitant de l'anarchie naissante, quittèrent le front en masse pour rentrer chez eux.

Dans notre armée, en remplacement du comité militaro-révolutionnaire qui avait renoncé à ses pleins pouvoirs, il s'en était formé un nouveau, exclusivement composé de bolchéviks et présidé par un soldat presque illettré. Kondourouchkine et ses compagnons en étaient membres. Deux jours avant le départ du général Ragoza, ce nouveau cénacle me proposa de prendre le commandement de l'armée jusqu'à ce que le congrès, convoqué pour le 14 décembre, eût élu un nouveau chef. Et, dans l'intention évidente de me faire plaisir, Kondourouchkine ajouta que selon toute probabilité, c'était moi qui serais élu par le congrès.

Cette déclaration fit déborder la coupe de ma patience. Je ne voulais pas être l'instrument docile du comité militaro-révolutionnaire. Au reste, les hostilités ayant cessé depuis la signature de l'armistice, j'étais libre, j'avais moralement le droit de quitter l'armée. Je déclarai donc au comité que je renonçais au grand honneur qu'on me faisait et que je suivais l'exemple du général Ragoza. Après mon refus, le comité militaro-révolutionnaire appela par télégramme le colonel Bayof, chef d'état-major de la 48e division (dans laquelle les arrestations et les changements de chefs avaient commencé) et celui-ci obéit sur-le-champ à l'invite du comité. Il succéda donc au général Ragoza, et rejoignit son frère d'armes Kondourouchkine, qui appartenait à la même division. Quelques jours plus tard, il remettait ce commandement à Kondourouchkine lui-même, élu par le congrès de l'armée au poste de commandant de l'armée, et demeurait auprès de lui en qualité de chef d'état-major.

Le 15 décembre, je quittai sans encombre l'armée et me rendis chez un ami, propriétaire foncier roumain. Là, chez M. Chrisaveloni et sa charmante femme, Anglaise, grande amie de la reine de Roumanie, qui venait chez elle se remettre de ses fatigues, et où je voyais souvent des officiers de la mission française, régnait une admiration sincère pour tout ce qui touchait à la France. Je passai une quinzaine de jours dans cette hospitalière demeure, le beau château de Gidigeni, prenant un peu de repos après le cauchemar des dernières semaines et entouré de chaudes amitiés.

C'est ainsi que s'acheva mon activité dans la IVe armée.

CHAPITRE XVIII

*La nationalisation des unités de combat. — L'ukraini-
sation du front. — Les conséquences et les résultats
de ces mesures.*

Dans le chapitre précédent, j'ai dit que le général
Chtcherbatchef, commandant en chef des troupes
russes du front roumain, avait l'intention de profiter
du courant national qui se manifestait dans l'armée
pour rétablir la ligne de bataille des unités. Dans ce
but, il coopéra à la fondation des comités nationaux
qui se créèrent sur le front et, devançant leurs
désirs, il prit des mesures d'après lesquelles officiers
et soldats étaient affectés à des formations nationales
spéciales, dont les cadres devaient être constitués
selon la prédominance de telle ou telle nationalité.

Il se forma donc sur le front des troupes ukrainiennes, polonaises, sibériennes, musulmanes, lithuaniennes et de la Russie-Blanche. Quelque étrange que la
chose paraisse, la Grande-Russie fut le seul territoire
non représenté par des contingents nationaux ; elle

resta totalement oubliée, ou on l'identifia avec les bolchéviks. Ce ne fut que beaucoup plus tard qu'on procéda à la composition d'unités volontaires pan-russes, où les officiers dominaient en nombre et dont il sera question plus loin.

L'organisation des unités nationales rencontra de nombreux obstacles. Sans parler de l'anarchie, générale à ce moment-là, ni de la difficulté qu'il y avait à regrouper par nationalités des troupes échelonnées sur tout le front, il fallait encore compter avec l'obstruction des comités bolchéviks. Ceux-ci se sentaient menacés, aussi refusèrent-ils dans la majorité des cas de remettre aux unités nationales le matériel, les munitions, les équipements, etc., dont elles avaient grand besoin. Souvent même, ils empêchèrent les officiers et les soldats de rejoindre leurs contingents. En outre, quelques-uns des comités nationaux organisèrent leurs troupes selon les principes socialistes dont les résultats avaient jusqu'ici été si fâcheux.

Ce fut la constitution des unités polonaises qui marcha le mieux. Le comité national polonais près l'état-major du front, qui s'était chargé de cette besogne, avait dès le début et sur les indications du comité polonais de Kief, éliminé toute politique des rangs et rétabli une stricte discipline. Les Polonais réussirent à grouper sur le front roumain un corps d'armée, dont l'effectif n'était peut-être pas très nombreux, mais très fort moralement.

Pour les unités lithuaniennes, arméniennes et blancs-russes, on se borna à la création de quelques compagnies distinctes. Les rares éléments arméniens et lithuaniens présents sur le front étaient des plus dispersés, aucun trait distinctif ne caractérisait suffisamment les Blancs-Russiens. Enfin les comités de ces diverses nationalités manquaient totalement du sens de l'organisation.

Le comité national sibérien, prévoyant les difficultés qu'il rencontrerait, se borna à créer quelques compagnies pour défendre les biens des unités sibériennes.

Quant à la formation des unités ukrainiennes que l'on se proposait d'obtenir en baptisant d'ukrainiens les contingents où les ressortissants de l'Ukraine prédominaient, elle subit un échec complet. Un simple changement de nom ne pouvait donner de bons résultats si l'on n'extirpait en même temps le mal à sa racine. Dans les troupes dénommées ukrainiennes, on ne prit aucune mesure pour rétablir la discipline, raffermir l'autorité et le pouvoir des chefs ; les comités subsistaient et la politique continua à régner en maîtresse, si bien que, aussi perverties que les autres, les unités ukrainiennes disparurent bientôt du front, en même temps que le reste de l'armée.

L'espoir de rétablir la ligne de bataille ne se réalisa donc pas. On n'obtint que quelques rares contingents plus ou moins disciplinés et qui, par la suite, furent d'une certaine utilité pour sauver le matériel abandonné sur le front. Mais ils ne jouèrent aucun rôle combattif.

Une autre mesure prise par le général Chtcherbatchef pour sauver le front, c'est-à-dire l'ukrainisation du front roumain tout entier, échoua totalement, elle aussi.

Ne reconnaissant ni le gouvernement bolchéviste, ni le commandant en chef de toutes les armées, Krilenko, ni les commissaires du peuple, le général Chtcherbatchef, commandant en chef des troupes russes sur le front roumain et tout son état-major constituèrent un cas exceptionnel dans l'armée russe, où les bolchéviks étaient presque partout arrivés à renverser les chefs nommés par le gouvernement provisoire et à les remplacer par des hommes de leur parti. En même temps les troupes russes du front roumain ne relevaient d'aucun organe officiel en Russie et étaient tout à fait indépendantes. Une situation aussi anormale ne pouvait évidemment pas durer longtemps. Quoique le commandement en chef du front eût à sa disposition des sommes d'argent suffisant pour quelques mois et des réserves de vivres assez importantes, il n'en demeurait pas moins qu'une fois ces stocks épuisés, la situation pouvait devenir critique. D'ailleurs, en décembre, l'Ukraine et la République nationale moldave qui s'était installée dans le territoire du gouvernement de Bessarabie, avaient proclamé leur indépendance, de sorte qu'elles pouvaient refuser aux troupes russes du front roumain de leur fournir le nécessaire. Et ces troupes tiraient tout leur ravitaillement de la Bessarabie et du gouvernement de Kherson, ces riches provinces du sud. En Ukraine comme dans la République moldave, le pouvoir central était très instable, et sans autorité; cependant, ces rouages centraux n'avaient rien de commun avec les bolchévistes de Pétrograde, et ne manifestaient encore aucune tendance germanophile.

Entre temps, la pression exercée par les bolchévistes sur le général Chtcherbatchef continuait sans répit. Vers la mi-décembre, le comité militaro-révolutionnaire près l'état-major du front prit également une teinte tout à fait bolchéviste, et on vit soudain figurer parmi ses membres le nommé Rochal qui s'était rendu célèbre par ses férocités, à Kronstadt, au début de la révolution. Comme on l'apprit par la suite, le gouvernement des commissaires du peuple l'avait délégué sur le front roumain, afin de réduire à l'obéissance l'état-major indocile de ce front.

Rochal et ses acolytes entamèrent une lutte opiniâtre contre le général Chtcherbatchef, afin de le renverser à n'importe quel prix et de prendre eux-mêmes sa place à la tête des troupes russes du front roumain. Les bolchévistes ne purent recourir à l'arrestation, leur procédé de lutte favori, car une division roumaine tout entière se trouvait à Jassy, quartier-général du front ; en outre, sur l'ordre personnel du roi de Roumanie, une forte garde roumaine était préposée à la surveillance de la demeure du général Chtcherbatchef. La propagande tentée par les bolchévistes parmi les troupes roumaines n'eut aucun succès. Alors Rochal et sa bande résolurent de se débarrasser du général en l'assassinant. Mais l'attentat, auquel participa entre autres un officier du front nommé Aksénof, échoua et tout le comité militaro-révolutionnaire, Rochal et les bolchévistes de la garnison de Jassy, furent arrêtés et incarcérés par les troupes roumaines.

De cette manière, grâce à l'intervention active des autorités et des troupes roumaines, le danger bolchéviste fut écarté à Jassy, mais il subsistait sur le front, et il devint toujours plus menaçant à l'arrière. Odessa tomba bientôt au pouvoir des bolchévistes, qui de là commencèrent à s'emparer de la Bessarabie.

A la mi-décembre, alors que le gouvernement bolchéviste poursuivait des pourparlers d'armistice et de paix avec les Centraux à Brest-Litovsk, ni l'Ukraine ni la République moldave n'avaient encore pris part à ces négociations. Nous qui représentions le commandement en chef sur le front roumain, nous avions encore l'espoir que les gouvernements de ces Etats de création récente ne trahiraient pas les alliés de la Russie.

Après avoir discuté de la situation avec les représentants des Alliés, le général Chtcherbatchef obtint du gouvernement ukrainien la permission de prendre sous ses ordres aussi les troupes russes du front voisin, sud-ouest. Le général Chtcherbatchef passa donc commandant en chef des deux fronts. Mais en même temps, par fidélité aux doctrines révolutionnaires, on jugea indispensable d'adjoindre au général un représentant, en la personne d'un commissaire.

En pratique, la soumission des troupes du front sud-ouest au général Chtcherbatchef demeura toujours fictive. Les unités de ces secteurs étaient toutes du parti bolchéviste ; elles ne reconnurent pas le général comme leur chef et n'exécutèrent aucun de ses ordres. L'un après l'autre, les officiers composant l'état-major, nommé par le gouvernement provisoire, furent obligés d'abandonner leurs postes à des personnages élus parmi les coryphées maximalistes. Vers la fin de décembre, tout le front sud-ouest et la VIIIe armée du front roumain qui le touchait, ne reconnaissaient que le pouvoir des commissaires du peuple.

Durant la deuxième quinzaine de décembre, les événements avaient pris un peu meilleure tournure dans les autres armées du front roumain. Grâce à l'appui du gouvernement ukrainien et des comités nationaux, et avec la coopération énergique des troupes roumaines, le général Chtcherbatchef réussit peu à peu à se défaire des grands chefs du bolchévisme. Dans la IVe armée, on arrêta Kondourouchkine avec ses complices et on les emprisonna ; on plaça à la tête de l'armée un général nommé par Chtcherbatchef. On procéda de même dans la VIe armée russe, où les bolchévistes avaient arrêté et emmené à Odessa le commandant et son chef d'état-major.

Vers cette époque-là, je fus appelé à Jassy par le général Chtcherbatchef et attaché à l'état-major du front ; c'est là que je me fixai et que j'eus à accomplir les missions les plus diverses se rapportant à la réorganisation de l'état-major.

Les principaux chefs du bolchévisme une fois éloignés des armées du front roumain, on commença à travailler à la formation des unités nationales, mais, comme je l'ai dit plus haut, on n'arriva à aucun résultat positif. Le gouvernement ukrainien, après avoir accepté la proposition du général Chtcherbatchef, ne sut pas profiter de l'amélioration obtenue sur le front par l'éloignement des bolchévistes ; non seulement il suivit les errements du gouvernement provisoire dans le domaine militaire, mais encore il l'imita en trahissant à la fois les Alliés et les intérêts de la Russie entière.

Le gouvernement ukrainien ne prit aucune mesure pour rétablir la discipline dans l'armée et pour relever l'autorité des chefs. Les comités subsistèrent tous ; les tribunaux et le pouvoir disciplinaire des officiers supérieurs ne furent pas restaurés. Le prestige du commandant en chef fut annulé par la nomination d'un tout jeune homme au poste de commissaire et par les immixtions du comité ukrainien. Le gouvernement ukrainien alla même plus loin que le gouvernement provisoire dans la socialisation de l'armée, en supprimant les grades et en procédant par voie électorale à la nomination des officiers subalternes.

Sans prévenir les alliés de la Russie, ni le gouvernement roumain, ni même son propre commandant en chef, le gouvernement ukrainien entama des pourparlers de paix avec les Austro-Allemands ; il les conduisit avec une telle rapidité qu'ils devancèrent même ceux des bolchévistes. Tout le monde connaît les conditions de cette paix : le gouvernement ukrainien sacrifia les intérêts vitaux de tout le reste de la Russie et de la Pologne, il créa une situation impossible à la Roumanie, il se couvrit de honte en trahissant ses alliés au moment où ceux-ci étaient prêts à lui apporter un immense secours matériel.

Deux personnages envoyés par le gouvernement ukrainien pour négocier avec la Roumanie et les représentants des gouvernements alliés se trouvaient alors à Jassy. L'un d'eux, nommé Galib, s'occupait surtout des questions diplomatiques ; l'autre, Galitzinsky, du domaine financier ; mais tous deux étaient fortement rattachés à l'Autriche par leur passé. Je les vis de près et pus les étudier à fond ; je n'ai rien constaté en eux qu'une haine aveugle pour tout ce qui est russe. Je ne sais jusqu'à quel point ils étaient informés par leur gouvernement de la marche des pourparlers de paix. Ils assuraient qu'ils ne savaient rien et ils eurent quotidiennement des entrevues avec les représentants du gouvernement roumain et les missions diplomatiques alliées, même au moment où les négociations de paix en Ukraine approchaient de leur fin. Il est facile de se représenter l'irritation que Roumains, Alliés et Russes, nous éprouvâmes envers ces personnages, lorsque nous apprîmes que la paix entre l'Ukraine, l'Allemagne et l'Autriche était un fait accompli. Dans l'impossibilité de retourner à Kief, les bolchévistes ayant interrompu les communications par voie ferrée, Galib et Galitzinsky restèrent à Jassy, en simples particuliers, après la conclusion de la paix ukrainienne ;

le premier prit même part à une intrigue dirigée contre le général Chtcherbatchef afin d'éloigner celui-ci de son poste.

Sitôt signée la paix avec les puissances centrales, le général Chtcherbatchef déclara au gouvernement ukrainien qu'étant donnée la situation, il ne se considérait plus comme soumis à ce dernier, qu'il demeurerait à la tête des troupes russes du front roumain jusqu'à leur licenciement, mais qu'il renonçait au titre de commandant en chef du front roumain. Le gouvernement ukrainien répondit en destituant le général et en le déférant à une cour martiale. Par un étrange concours de circonstances, le général n'eut connaissance de cet acte que bien des mois plus tard, le gouvernement ayant dû quitter Kief à la hâte, lorsque la ville fut occupée par les bolchéviks ; il n'eut pas le temps d'informer le général des mesures prises contre lui et dut attendre pour cela le moment où il rentra à Kief, grâce à l'appui des Allemands.

Il est difficile de se représenter un imbroglio plus étrange que celui où se trouvèrent alors le général Chtcherbatchef et ses collaborateurs sur le front roumain. Continuant à défendre avec fermeté les intérêts généraux de la Russie, à observer une fidélité absolue envers les Alliés, ce groupe de chefs et d'officiers supérieurs, entouré de quelques unités nationales de faible effectif, représentait une petite oasis entre la Russie ukrainienne et la Russie bolchéviste, ces deux Russies qui, oublieuses du passé et de tout sentiment d'honneur, traîtresses à leurs Alliés, se tournaient vers leur ennemi, dans l'espoir d'obtenir de lui les bienfaits de la paix. Cette poignée de fidèles chercha en vain appui et protection.

Aujourd'hui, que la Russie gouvernée par les bolchévistes et l'Ukraine germanisée ont eu le temps de goûter les douceurs de la paix allemande, le vrai patriotisme, la clairvoyance et la volonté ferme du général Chtcherbatchef peuvent être appréciés à leur juste valeur.

Lorsque la nouvelle de l'incarcération des chefs bolchévistes à Jassy arriva au gouvernement des commissaires populaires, celui-ci se répandit en menaces de représailles à l'égard de Chtcherbatchef et de ses collaborateurs. Incapables de les mettre à exécution, il nous déclara tous hors la loi, ce qui, en son langage, signifiait que chacun avait le droit de nous tuer impunément. Dans de pareilles conditions, notre retour dans la Russie maximaliste était chose impossible. L'Ukraine ne nous attirait pas davantage, après la rupture des relations entre les général Chtcherbatchef et le gouvernement. Je fus également cité devant les tribunaux pour avoir refusé de reconnaître comme étant ukrainien le matériel du front roumain. Mais, nullement désolés de notre disgrâce, nous continuâmes à travailler sur le front, pour essayer de sauver le navire en péril. A ce moment là, le danger le plus menaçant venait de l'arrière.

Les bolchévistes convoitaient la Bessarabie, qui s'intitulait alors « République nationale moldave » et dont le gouvernement tout à fait enfantin était incapable d'opposer une résistance quelconque à l'agresseur.

Les premiers jours de janvier, je fus envoyé par le général Chtcherbatchef à Kichinef, afin de me rendre compte sur place de l'état des choses. La situation me sembla bizarre à l'extrême : Kichinef était la résidence du pouvoir exécutif de la République, représenté par un comité de directeurs, et du pouvoir législatif, c'est-à-dire d'un parlement (sfatoul-tzerij). L'un et l'autre, grisés par l'importance de leur rôle, légiféraient et gouvernaient à coups de discours et de décrets : là se bornaient leur rôle. Ils ne jouissaient d'aucune autorité et ne disposaient d'aucun appui matériel. A Kichinef même, capitale de la République, à côté du comité des directeurs, on trouvait neuf comités différents, qui ne reconnaissaient pas le premier, mais sympathisaient en revanche avec les bolchévistes. Et le reste du territoire bessarabe était gouverné par une foule de comités de toutes nuances ignorant absolument le gouvernement de la République. En outre, ce dernier souffrait d'une pénurie d'argent complète. Pour tout soutien, il ne possédait que quelques troupes moldaves de formation récente et de cohésion précaire, comprenant un bataillon d'infanterie et quelques escadrons de cavalerie. Ces guerriers paradaient dans la ville en uniforme de fantaisie et se livraient à la débauche la plus effrénée. Il n'est donc pas étonnant qu'à cette époque, personne à Kichinef ne sortît de chez soi, passé onze heures du soir. Chaque nuit, il se produisait des vols avec effraction et des agressions à main armée. Je pus m'en convaincre personnellement lorsque je me rendis à la gare à minuit en repartant pour Jassy : de tous côtés crépitait une fusillade telle qu'on n'en entend pas souvent de pareille, même sur la ligne de feu.

L'impression générale que j'emportai de mon excursion, et que je communiquai au général Chtcher-batchef, était qu'un chaos complet régnait dans toute la Bessarabie et que le gouvernement de la République moldave ne serait pas en état de résister si peu que ce fût aux bolchévistes.

Une semaine après mon retour à Jassy, ceux-ci se dirigèrent en effet d'Odessa sur la Bessarabie et s'emparèrent du pouvoir sans la moindre difficulté. Ils installèrent à Kichinef un nouvel état-major du front roumain et un comité qui ne tardèrent pas à se proclamer l'autorité suprême dont dépendaient toutes les troupes russes sur le front roumain. Ils ne réussirent cependant pas à étendre cette autorité à l'ouest du Prouth (limite de la Roumanie). Quoique cette fois encore, le général Chtcherbatchef parvînt à garder le pouvoir sur les troupes russes en territoire roumain, c'est-à-dire sur le front même, la situation redevenait critique, les bolchévistes possédant les voies d'accès au front et toutes les communications du front à l'arrière. Le ravitaillement des troupes cessa, les réserves alimentaires du front s'épuisèrent rapidement et les régiments russes et roumains, comme la population civile de la Roumanie, se virent menacés par la famine, car les bolchévistes s'opposaient à ce que la Bessarabie livrât à la Roumanie des produits de consommation, quels qu'ils fussent.

Le seul moyen d'améliorer la situation était de faire pénétrer les troupes roumaines en Bessarabie, afin d'en chasser les bolchévistes et d'y restaurer l'ordre qui assurerait le ravitaillement régulier de l'armée. Le général Chtcherbatchef n'avait pas de troupes russes à sa disposition. Ce fut à contre-cœur et pleinement conscient de tout ce que cette mesure avait de fâcheux au point de vue politique, que le général se vit contraint de prier le gouvernement roumain d'envoyer ses troupes en Bessarabie ; le gouvernement de la République moldave fit la même demande.

D'un commun accord avec le quartier-général roumain, il fut convenu que les troupes roumaines n'entreraient en Bessarabie que temporairement, et qu'elles quitteraient le pays aussitôt leur mission accomplie. Lorsque les régiments roumains pénétrèrent en Bessarabie, ces conditions furent confirmées dans un appel adressé à la population par le chef du détachement d'occupation roumain. Comme on le voit, à cette époque, il ne fut pas question d'occuper la Bessarabie dans le but de l'unir à la Roumanie.

Après toute une série de combats contre les unités bolchévistes, qui reculèrent peu à peu au delà du Dniestr, la Bessarabie entière fut occupée par les troupes roumaines. Le gouvernement de la République moldave fut rétabli, la majeure partie des comités et des soviets abolie, et le pays rentra dans le calme.

La population urbaine et les grands propriétaires fonciers furent heureux de l'intervention des troupes roumaines, qui rétablit le cours normal des choses et fit cesser les brigandages et les déprédations. En revanche, les paysans la virent d'un mauvais œil, car, ayant déjà fait main basse sur une grande partie des domaines, ils les avaient pillés et saccagés de fond en comble. Pour mettre un terme à ces jacqueries, les contingents roumains usèrent de mesure sévères, y compris les châtiments corporels et la fusillade. D'où la haine que les campagnards bessarabes portent aux unités roumaines.

Tout le territoire s'étendant à l'est du Dnièstr demeura au pouvoir des bolchévistes qui, à cette époque-là, occupaient également Kief et la voie ferrée Kief-Odessa. De la sorte, les troupes du front roumain, de nouveau en état de se ravitailler en Bessarabie d'où elles avaient chassé les bolchévistes, n'en étaient pas moins coupées de tout le reste de la Russie. Les communications par poste, chemins de fer et télégraphe étaient complètement interrompues, et nous n'avions des nouvelles de Russie que lorsque quelqu'un parvenait à franchir les cordons bolchévistes sur le Dniestr, ce qui n'arrivait pas souvent.

A la fin de l'année 1917, sur l'ordre du général Chtcherbatchef, on procéda au licenciement des classes les plus anciennes,. Le ravitaillement des troupes s'améliora d'une façon sensible après l'occupation de la Bessarabie par les unités roumaines. Néanmoins, le torrent des soldats qui abandonnaient le front sans permission prenait toujours plus d'ampleur. En janvier 1918, il atteignit des proportions extraordinaires.

CHAPITRE XIX

La dissolution définitive de l'armée. Les soldats quittent le front en masse. — Le martyr des officiers. — Collisions entre troupes roumaines et russes. — Le passage à l'ennemi de quelques unités.

Le nombre des déserteurs dans les régiments russes du front roumain augmenta dès novembre 1917. Il grossit encore dans la première quinzaine de décembre lorsque les bolchévistes l'emportèrent sur les éléments plus modérés. Mais ce fut bien pis quand, au début de janvier, les chefs bolchévistes furent arrêtés à Jassy et dans les états-majors des armées. Dès ce moment, les soldats cessent de s'intéresser à la politique ; ils ne répondent plus aux appels des bolchévistes demeurés dans les rangs et s'abstiennent d'aller aux meetings. Un seul problème les préoccupe : comment rentrer chez soi sans retard ? Les hommes avaient pensé qu'aussitôt l'armistice conclu, on les licencierait. Comme ils n'étaient plus capables de raisonner, ils attribuaient l'ajournement de cette mesure à de nouvelles intrigues ourdies par la bourgeoisie et le capitalisme. C'est pourquoi ils s'étaient si volontiers joints aux bolchévistes qui leur annonçaient le retour immédiat dans leurs foyers. Ceux-ci, arrêtés, ne purent tenir une promesse d'ailleurs irréalisable; c'est alors que, déçus encore une fois, les soldats commencèrent à quitter les lignes en masses.

On peut donc dater de la deuxième quinzaine de décembre 1917 le début de la désagrégation finale de l'armée russe sur le front roumain, comme sur les autres. Les troupes ne représentaient plus que de misérables débris des anciens régiments, des batteries, etc. ; c'étaient des foules sans chefs, ou avec des chefs de fortune choisis parmi les hommes sachant profiter du désordre et flatter les bas instincts des masses.

La situation des officiers sur le front était devenue réellement effroyable. Il est impossible de relater toutes les cruautés que les soldats commirent envers eux. Ceux qui accusent les officiers russes de n'avoir pas gardé d'autorité sur leurs hommes n'ont aucune idée des épreuves physiques et morales endurées par ces véritables martyrs. Presque tous les jours, je rencontrai des chefs qui n'avaient pu échapper aux agressions barbares des soldats qu'en sacrifiant tout ce qu'ils possédaient. Les scènes profondément tragiques qu'ils vécurent et me racontèrent ne sortiront jamais de ma mémoire. Après avoir destitué leurs supérieurs, sauf ceux qui leur convenaient, et les avoir remplacés par leurs propres camarades ignorants et incultes, les soldats ne les laissèrent pas en liberté. Surveillés jour et nuit, les anciens officiers furent obligés d'exécuter les travaux les plus pénibles; on leur enleva leurs biens personnels, que les hommes se partagèrent entre eux; ils furent en butte aux moqueries de leurs anciens subordonnés, qui les forçaient, sous menace de coups ou de mort, à préparer la soupe, nettoyer les abris, panser les chevaux, ou à n'importe quel autre travail dont ils n'avaient pas l'habitude. Les officiers, même les mieux trempés par les combats et les campagnes des quatre années de guerre, ne purent pas tous supporter ces épreuves. Les uns essayèrent de fuir; ils n'y arrivèrent qu'exceptionnellement. Dans leur désespoir, beaucoup se suicidèrent. Souvent, la nuit, les soldats jetèrent des grenades à main dans les abris des officiers. Les chefs appartenant à des unités stationnées loin des troupes roumaines subirent des outrages particulièrement douloureux.

Un jour, à Jassy, je rencontrai un jeune commandant d'une batterie de montagne dont j'avais fait la connaissance au début de la guerre, dans les Carpathes, excellent officier, courageux et intelligent. En compagnie du « Comité de soldats », il venait en ville faire quelques achats pour la batterie. Il me raconta qu'il était étroitement surveillé par ses hommes — comme tous les autres officiers — et qu'on ne lui permettait pas de s'absenter, ne fût-ce qu'une heure ou deux.

Cette vie lui pesait terriblement et il voulait s'engager dans la « brigade de volontaires », brigade recrutée exclusivement parmi les officiers, qui devait partir pour la Russie et rejoindre l'armée du général Denikine. Il me supplia de l'aider. Je résolus de conserver à la patrie cette jeune énergie. Il fut convenu que je lui enverrais l'ordre de venir à Jassy pour régler une question du ravitaillement de sa compagnie. Heureux de pouvoir obtenir un supplément de victuailles, le comité lui octroya un congé de quelques jours. A peine arrivé, il s'engagea dans la brigade et partit bientôt. Bien que toute la ligne Kief-Odessa fût occupée par les Allemands et que plus loin, à l'est, le pays fût envahi par les bolcheviks, la brigade se fraya de force un chemin de Roumanie au Don. Durant cette pénible marche, au cours d'un combat avec les bolcheviks, le jeune commandant fut tué.

Nos soldats avaient une frayeur incroyable des régiments roumains, qu'auparavant ils considéraient avec une condescendance pleine de mépris ; car les troupes roumaines, irritées de la conduite inqualifiable de leurs camarades russes, les châtiaient souvent sans aucune douceur. A maintes reprises, les Roumains, mis au courant des sévices exercés par les soldats, organisèrent des expéditions armées, afin de délivrer les victimes, à qui ils offraient un asile dans leurs régiments.

On ne peut donc s'étonner que les officiers n'éprouvassent envers le soldat que dégoût et indignation, et il se passera encore beaucoup de temps avant qu'ils oublient ce passé d'horreur.

Les soldats quittèrent donc le front en masse, emportant armes et fonds d'Etat, emmenant chevaux et véhicules. Ils prirent d'assaut les trains, sur lesquels ils grouillaient comme des fourmis, ou partirent à pied. Ceux qui avaient réussi à s'emparer d'un cheval ou d'un véhicule les chargeaient des produits de leurs rapines, quelquefois vendus à vil prix. Je sais par exemple qu'à Jassy, des soldats cédèrent à des cochers de fiacre des chevaux volés, à raison de dix francs par bête. Toute la Moldavie et la Bessarabie regorgeaient de chevaux russes. Les paysans en achetaient chacun cinq ou six et refusaient d'en acquérir aux ventes aux enchères organisées plus tard, lorsque la remonte des armées fut définitivement liquidée. On vit même des soldats amener dans un village une pièce d'artillerie complète avec tout son attelage et la vendre pour 50 ou

60 francs. Je fus témoin de ce marché dans une bourgade à 20 kilomètres de Jassy. Mais nous réussîmes à reprendre la pièce et l'attelage.

Au début, le quartier général roumain demeura assez indifférent à cet exode de soldats russes, passant en avalanche à travers la Bessarabie. Il le considérait comme une affaire purement russe. Mais, les fuyards s'étant livrés à des violences sur la population roumaine, il fut obligé d'adopter une autre manière de voir ; d'autant plus que ces déserteurs, munis d'armes, grossissaient les hordes des bolchévistes qui dévastaient la Bessarabie et contre lesquelles les Roumains se disposaient à partir en campagne.

Le quartier général roumain prit alors des mesures propres à préserver le pays et l'arrière de ce nouveau fléau de la révolution russe. Sur tous les points principaux du front, dans la direction de la Bessarabie, aux stations de chemin de fer, à tous les passages sur le Prouth (frontière de la Moldavie et de la Bessarabie), il plaça des postes militaires qui arrêtèrent les soldats russes, leur firent mettre bas les armes ainsi que les objets volés et les dirigèrent ensuite par groupes sur la Bessarabie. Nos déserteurs essayèrent d'abord de résister à ce qu'ils considéraient comme une agression de la part des Roumains ; mais ils purent bientôt se convaincre que ceux-ci n'étaient pas d'humeur à céder et qu'ils fusillaient les rebelles sans la moindre hésitation. Une haine profonde, mêlée de peur, se répandit alors parmi les troupes russes qui, pour la première fois depuis la révolution, trouvaient un obstacle à leurs excès. Pendant quelque temps, la désertion en masses cessa, mais les soldats demandèrent que tous les régiments russes, au grand complet, quittant le territoire de la Roumanie, traîtresse à leurs yeux, fussent conduits en Bessarabie ou dans le gouvernement de Kherson et immédiatement démobilisés.

Il était impossible de consentir à une pareille exigence, et le général Chtcherbatchef, commandant en chef des armées, s'y refusa. Sans parler des difficultés de ravitaillement et de transport, le départ simultané de ces hordes aurait entraîné de nouvelles complications à l'arrière et transformé en désert les contrées environnantes. On pouvait être sûr d'ailleurs que les troupes russes ramenées de Roumanie passeraient sur-le-champ aux bolchévistes. Enfin, comme il ne reconnaissait pas la paix conclue à Brest-Litovsk par Lénine, le général Chtcherbatchef, en plein accord avec le gouvernement roumain et les Alliés, estimait que l'armistice signé par lui durait encore et qu'il n'était pas possible de renvoyer du front la moindre unité russe.

C'est pourquoi il repoussa toutes les sollicitations,

tolérant seulement la libération progressive des anciennes classes, déjà commencée.

Devant cette résistance, les soldats, sous la direction de leurs démagogues, résolurent de se grouper et de se frayer de force un passage à l'arrière.

Cette décision conduisit à une série d'escarmouches entre les troupes russes et leurs alliés, les Roumains, pendant les mois de janvier et de février 1918. Ces combats prirent souvent un caractère tragi-comique. Dans les unités résolues à retourner à l'arrière à n'importe quel prix, les officiers s'éloignèrent, afin d'échapper à ces luttes infâmes. Mais leur départ n'éteignit pas l'ardeur belliqueuse des soldats. Un lieutenant bolchéviste quelconque, sans expérience des champs de bataille, mais grand orateur de meetings, enjoignait à un corps d'armée d'attaquer les troupes roumaines et de les enfoncer. Ces dispositions, prises à la légère, étaient mises à exécution par des chefs et des soldats de même acabit, élus commandants de division, de régiment, de batterie etc. Les régiments marchaient contre des unités roumaines relativement faibles qui leur barraient la route, l'artillerie bolchéviste ouvrait un feu inoffensif. Connaissant les qualités militaires de nos bolchévistes, les Roumains les laissaient tranquillement avancer, puis faisaient donner quelques-unes de leurs batteries, tandis que quelques compagnies partaient à l'assaut. Et c'était toujours suffisant pour mettre en fuite et réduire à l'obéissance les légions en proie à la panique. Soucieux de préserver leur vie si précieuse pour la révolution, les soldats russes se rendaient sans condition, déposant sur-le-champ leurs armes et restituant tout ce qu'ils avaient volé. Il se trouva parfois qu'un corps tout entier capitula devant un ou deux bataillons roumains. Les Russes ainsi désarmés étaient ensuite dirigés par la Moldavie septentrionale dans le gouvernement de Podolie, pour les empêcher d'aller grossir les éléments bolchévistes en Bessarabie. Souvent, ces bandes, au lieu de gagner la Podolie, tombèrent aux mains des Allemands ou des Autrichiens et, malgré la paix déjà signée avec le camarade Lénine, furent faites prisonnières et envoyées derrière le front pour y travailler. On n'est pas parvenu à savoir si elles se rendirent chez l'ennemi par hasard ou de propos délibéré. Mais un cas qui se produisit dans le 18e corps et que je vais relater, permet de croire que certains chefs bolchévistes conduisirent leurs unités en pleine connaissance de cause dans les camps austro-allemands.

Le général Sytine, bolchéviste élu par les soldats, commandant du 18e corps, résolut de faire la jonction entre ses troupes, postées au nord de la Moldavie et en Bukovine, et l'armée bolchéviste du front sud-ouest. Après avoir donné les ordres nécessaires, et étant accompagné des automobiles du corps, il se rendit tout droit chez les Autrichiens, où il fut accueilli à bras ouverts. Les régiments placés sous ses ordres se dispersèrent, et furent en majeure partie capturés. Quant au lâche qui les avait amenés, au mois de mai déjà, on le vit à Kief, figurant avec un autre général bolchévik, Odintzof [1], dans la délégation envoyée par le gouvernement des commissaires du peuple pour conclure la paix avec l'Ukraine.

Un jour, entre les Roumains et l'une des divisions du 4e corps sibérien, eut lieu un combat dont l'issue fut tout à fait inattendue. Le 4e corps sibérien s'était distingué pendant la guerre japonaise, et il soutint brillamment sa réputation au cours de la guerre actuelle. La division en question voulant se frayer un passage vers l'arrière et la Bessarabie, fut arrêtée par les Roumains. Alors, deux de ses régiments avec trois batteries firent demi-tour et se rendirent aux Allemands. J'ignore le sort ultérieur de ces vaillantes troupes révolutionnaires.

Les échecs subis par nos soldats en essayant de gagner l'arrière, les décourageaient. Ils en revinrent à leur première manière, la désertion, qui prit alors

---

[1] Les habitués des représentations du Ballet impérial, à Pétrograde, avant la guerre, se rappellent fort bien ce bolchéviste : c'était un fidèle spectateur. Coïncidence étrange : un grand nombre des plus fervents admirateurs des ballerines de Pétrograde figurent parmi les bolchévistes de marque.

le caractère d'un pacifique pèlerinage national.
Sachant que tout ce qu'ils s'étaient indûment ap-
proprié leur serait enlevé par les Roumains, ils
n'emportaient plus rien, sauf des provisions de voyage.

Vers le mois de mai, de cette armée russe sur le
front roumain qui s'était chiffrée par millions, il ne
restait qu'une masse de matériel de guerre abandonné dans les lignes ou à l'arrière et gardé par les
officiers et quelques soldats fidèles à leur devoir.

CHAPITRE XX

Les mesures prises pour sauver le matériel
abandonné sur le front.

Il semble qu'à Pétrograde on s'était mis à penser sérieusement à la paix, très peu de temps après la révolution. Au ministère de la guerre fut instituée une commission chargée d'élaborer un plan de démobilisation. Elle n'acheva pas son œuvre, contrainte qu'elle fut de se dissoudre après la révolution bolchéviste. Ses plans eussent d'ailleurs été superflus, car le licenciement des troupes tourna bientôt au chaos. Ce fut un désastre pour le matériel de guerre, très coûteux et abondant, ainsi que pour la remonte de l'armée. Il n'est guère possible d'évaluer au juste les pertes subies de la sorte par la Russie ; sans doute se chiffrent-elles par quelques milliards de francs.

Dans la démobilisation normale, chaque unité est ramenée au complet à son lieu de rassemblement, et c'est là seulement qu'elle est licenciée. Mais, grâce aux désertions, on vit les rangs s'éclaircir rapidement. Il n'en fut pas de même, toutes proportions gardées, des convois de matériel et de bêtes de trait, si bien que les parcs et les batteries manquèrent d'hommes pour panser les chevaux.

La situation s'aggrava lorsque des unités entières, ayant quitté le front, furent arrêtées et désarmées par les Roumains ; elles abandonnèrent armes, munitions, équipements, attelages et une quantité d'autre matériel appartenant à l'Etat.

Au commencement de février 1918, en Bessarabie et en Moldavie, sur le front comme à l'arrière, dans chaque village, partout, traînaient des projectiles, des bouches à feu, des fusils, des caissons d'artillerie, etc., laissés sur place par les soldats russes. Toute la population masculine des campagnes portait les uniformes que nos hommes leur avaient vendus à vil prix ou même donnés. Des chevaux errants et affamés cherchaient en vain leurs maîtres. Même les dépôts plus importants de l'arrière restèrent sans surveillance, les gardes ayant pris la fuite. Ils furent pillés aussi bien par les soldats bolchéviks que par les paysans.

A ce moment-là, selon l'évaluation la plus modeste, il y avait sur le front roumain pour trois ou quatre milliards de francs de matériel russe ;

le général Chtcherbatchef et ses collaborateurs étudièrent naturellement les moyens de le sauver.

Le problème était compliqué, car la main-d'œuvre faisait presque complètement défaut sur le front, et d'autre part, l'anarchie régnait en maîtresse à l'arrière. Dans les lignes, personne pour réunir, trier et charger tout cet outillage qui avait coûté tant d'argent au pays. Comme les trains ne marchaient plus, on ne pouvait transporter munitions et équipements dans les dépôts du centre. Et puis, dès le commencement de février, le quartier général roumain avait pris des mesures pour recueillir ce matériel de guerre, ce qui nous obligea à en dresser hâtivement l'inventaire.

Le général Chtcherbatchef organisa donc une série de commissions chargées de réunir, de trier le matériel et de vendre ce qui était inutile et sans valeur, ainsi que les chevaux qu'il était impossible de diriger sur l'arrière, faute de nourriture et de conducteurs. On engageait comme ouvriers aussi bien des soldats que des paysans. En même temps, on tenta de former des détachements militaires spéciaux ; mais cet essai ne fut pas couronné de succès. Malgré la solde élevée, il répugnait aux hommes de s'enrégimenter de nouveau, et l'on ne parvint à grouper que quelques compagnies. En revanche, presque tous les officiers encore présents sur le front contribuèrent à sauver le matériel.

On créa à Jassy, à l'état-major du front, comme rouage central, un comité de démobilisation. En firent partie aussi les représentants des armées alliées et les comités nationaux de l'état-major du front. A lui était dévolu le soin de résoudre en dernière instance les problèmes relatifs au matériel de guerre russe. On me mit à sa tête.

Voici le plan de travail qui fut adopté : l'outillage abandonné sur le front devait être réuni dans des entrepôts provisoires, vérifié, séparé en matériel utilisable et inutilisable. On se proposait d'expédier ce qui pouvait encore servir dans les dépôts principaux en Bessarabie, cette province étant déjà occupée par les troupes roumaines. On pensait conserver là ce qui était propriété nationale russe jusqu'à ce qu'il fût possible de le restituer à son possesseur légitime. Et comme s'élevaient déjà des contestations, on décida en principe que tout ce matériel était la propriété de la Russie, telle qu'elle était avant 1914, et non de tel ou tel Etat indépendant constitué depuis.

Si simple qu'il fût, ce plan ne put cependant pas être exécuté. Quantité de protestations accueillirent notre décision d'attribuer à la Russie entière la possession de tout le matériel de guerre du front roumain. Elles nous vinrent de la République de Moldavie, de l'Ukraine, du gouvernement des commissaires du peuple et de celui de la Roumanie. Invoquant de prétendus droits, ces gouvernements créèrent tant d'obstacles à l'œuvre des commissions de démobilisation qu'elles durent se borner au rassemblement du matériel dans les dépôts provisoires, à l'enregistrement et la vente partielle des choses inutiles. La Roumanie s'opposa à la création de grands dépôts sur le front. Et pour finir on fut obligé, ainsi que je l'ai dit, de loger tout le matériel de guerre russe inventorié dans les dépôts roumains.

La République nationale moldave qui s'était formée sur le territoire de la Bessarabie fut la première à émettre des prétentions. Son gouvernement déclara que tout le matériel de guerre, tous les chevaux et toutes les sommes d'argent des armées russes se trouvant sur territoire moldave (bessarabe) étaient propriété de la République.

Prétention aussi naïve que cynique : une insignifiante partie de la Russie, profitant de l'anarchie naissante, s'était séparée de la mère-patrie, et avait proclamé son indépendance (dont elle ne put d'ailleurs jouir que pendant quelques mois). Elle essayait de s'emparer du cinquième du matériel de guerre de la Russie et qui ne pouvait être expédié qu'à travers la République moldave.

Je ne puis comparer le gouvernement de celle-ci qu'à un bandit détroussant les voyageurs sur la grand'route. Nous prîmes immédiatement des mesures propres à parer à ce procédé sommaire. On cessa de diriger sur le territoire moldave les convois russes, quels qu'ils fussent. Le gouvernement républicain réussit pourtant à accaparer des sommes d'argent très importantes, qui se trouvaient dans les caisses d'Etat russes en Bessarabie et un matériel de guerre assez considérable, dépôts d'intendance et automobiles surtout. Il ne fut pas possible d'en obtenir la restitution, et lorsque la Bessarabie fut réunie à la Roumanie,. cette dernière hérita et de l'argent et du matériel. Les caisses d'Etat de campagne russes saisies par la République moldave contenaient les économies de nombreux soldats et officiers. Malgré les réclamations des intéressés, leurs dépôts ne leur furent rendus ni par la République moldave, ni par la Roumanie.

C'est par ces actes criminels que débuta la République nationale moldave.

Une autre république nationale indépendante, dirigée elle aussi par des novices en politique, l'Ukraine, déclara à son tour que l'argent et le matériel des armées russes sur le front roumain étaient sa propriété et devaient être remis à ses commissions spéciales. Mais, en février 1918, le gouvernement ukrainien fut obligé, non seulement de combattre les bolchéviks, mais encore de quitter Kief et de recourir à l'assistance des Allemands ; il n'eut donc ni le temps ni le moyen de faire aboutir ses revendications. Lorsque, grâce aux Autrichiens et aux Allemands, il put rentrer dans sa capitale, il essaya bien de revenir à la charge par des sommations comminatoires, en même temps qu'il ordonnait à ses commissaires sur le front (que nous ignorions totalement), d'employer tout pour obtenir gain de cause.

Ayant résolu dès le début de ne reconnaître comme propriétaire du matériel contesté ni l'une ni l'autre des anciennes parties intégrantes de la Russie, le général Chtcherbatchef jugea nécessaire de s'opposer avec énergie aux prétentions de l'Ukraine, surtout lorsque celle-ci fut devenue la vassale de l'Allemagne. Cette lutte se termina à l'avantage du général, et à mon départ de Roumanie, à la fin de juin 1918, il ne restait entre les mains du gouvernement de l'Ukraine que ce qui se trouvait à l'est du Dniestr.

Ayant échoué une première fois, ce gouvernement prit d'autres voies pour arriver à son but. La première fut d'un ridicule achevé : il me menaça de poursuites devant les tribunaux. Auparavant déjà, il avait cité le général Chtcherbatchef devant une cour martiale pour avoir refusé de reconnaître son autorité ; il me livrait maintenant à cette même cour, en ma qualité de président du comité de démobilisation, pour « gaspillage de biens appartenant à la République ». A cette citation je ne répondis que par le dédain. Je ne puis parvenir à comprendre comment le gouvernement ukrainien en arriva à l'idée absurde de livrer à une cour martiale, pour des fautes de service, un homme qui ne s'était jamais engagé à le servir ; il m'accusait d'avoir gaspillé des biens qui ne lui avaient jamais appartenu et que je ne m'étais jamais engagé à lui conserver. Quelle impéritie juridique et politique ! Mais je ne suis pas moins étonné que par la suite le gouvernement de l'hetman n'ait pas jugé à propos de rapporter cette résolution du pouvoir qu'il renversa.

Le deuxième procédé auquel les autorités ukrainiennes eurent recours, celui du vol, ne réussit que partiellement. Dignes serviteurs de leur gouvernement, les commissaires ukrainiens parcoururent les lignes et, usant tantôt de menaces, tantôt de ruses, firent main basse sur les automobiles et sur l'argent des trésoreries de campagne qu'ils rencontrèrent. Rien autre ne les intéressait : il leur fallait simplement des véhicules pour disparaître le plus vite possible avec les sommes volées. J'ignore si leur gouvernement a reçu l'argent et les automobiles. En revanche, je sais fort bien que l'un des commissaires ukrainiens fut accusé d'avoir vendu des automobiles appartenant à l'Etat, ce qu'une enquête ultérieure confirma. Par malheur, il y eut sur le front bon nombre d'officiers et de fonctionnaires qui, sans avoir aucune attache avec l'Ukraine, ne voulurent cependant pas se mettre celle-ci à dos, dans l'espoir de passer à son service ; de sorte qu'ils cédèrent l'argent et le matériel à eux confiés par le gouvernement russe.

Enfin l'Ukraine ne dédaigna pas de recourir aux intrigues politiques. Grâce à une comédie extrêmement compliquée, dans laquelle on essaya d'impliquer le gouvernement roumain, lui aussi, les autorités ukrainiennes tentèrent de se débarrasser de tous les officiers russes qui les gênaient tant, c'est-à-dire le général Chtcherbatchef et ceux de ses collaborateurs qui persistaient à garder des sentiments panrusses et une fidélité inébranlable aux Alliés. L'un des principaux acteurs de cette intrigue fut le général Thalgren, collaborateur immédiat du général Chtcherbatchef pour toutes les questions relatives au ravitaillement des armées. Quels étaient ses mobiles ? Je l'ignore ; en tout cas, la politique n'y entrait pour rien, car, originaire de Finlande, il n'avait aucun lien avec l'Ukraine. Lorsque le général Chtcherbatchef et ses adjoints eurent été mis à l'écart, le gouvernement ukrainien remit à Thalgren, sans doute à sa demande, le soin de licencier les armées russes sur le front roumain et d'abandonner leur matériel à l'Ukraine.

Parfaitement convaincu que ni le général Chtcherbatchef ni aucun de ses officiers ne se démettraient de leurs pouvoirs entre les mains du représentant de l'Ukraine, le général Thalgren essaya de se faire reconnaître par le gouvernement roumain. En même temps, il engageait de mystérieux pourparlers avec le commandant allemand à Galatz et avec les autorités républicaines moldaves. Les Roumains refusèrent de prêter leur concours à Thalgren, qui semble n'avoir pas eu plus de succès auprès des Allemands. Mis au courant des agissements de Thalgren, Chtcherbatchef le destitua aussitôt de ses fonctions et ordonna une enquête. Malheureusement, il ne lui fut pas possible de livrer son ex-collaborateur à la justice, car sur le front il n'existait plus de tribunaux. Plus tard, Thalgren fut expulsé du territoire roumain et bessarabe par le gouvernement de Jassy, pour avoir fait de la propagande contre l'union de la Bessarabie à la Roumanie.

C'est ainsi qu'échouèrent les efforts de l'Ukraine pour s'emparer du matériel des armées russes du front roumain.

Les revendications bolchévistes n'eurent rien de grave ; elles se bornèrent à l'envoi d'un délégué, qui vint voir où en était la question du matériel de combat sur le front. On lui expliqua, dans un entretien privé, que tout serait conservé afin d'être remis par la suite au gouvernement de la Russie, mais jamais à un gouvernement bolchéviste. Cet envoyé repartit bien vite et ne donna plus signe de vie.

CHAPITRE XXI

Le ministère de la guerre roumain devient maître
du matériel d'armée russe.

Selon un accord verbal avec l'état-major russe,
le quartier général roumain considérait tout ce qui
avait été rassemblé dans ses entrepôts comme propriété russe et temporairement remis à sa garde,
étant donnée l'anarchie régnant à l'arrière. Une
seule exception fut faite pour quelques pièces du
matériel de l'artillerie, qui, d'un commun accord
avec la mission militaire française, furent remises
à la Roumanie, et dont la valeur devait être déduite
de la dette russe à la France. Au quartier général
roumain, on tenait un compte exact du contenu
des dépôts roumains, et les inventaires étaient
communiqués à l'état-major russe. En même temps,
le quartier général roumain consentit volontiers à
ce que nous organisions des dépôts nous appartenant en propre; il nous promit son concours aussi
bien pour rassembler notre matériel que pour le

transporter. De nôtre côté, nous étions pleins de gratitude pour tant d'obligeance.

Cependant cette bonne harmonie ne dura pas longtemps. Aussitôt après la conclusion de la paix préliminaire entre la Roumanie, l'Autriche et l'Allemagne, le général Prezan, qui avait remplacé le roi comme commandant des armées roumaines et s'était toujours montré loyal défenseur des intérêts de la Russie, se démit de sa charge. Le nouveau gouvernement germanophile changea radicalement d'avis au sujet du matériel russe resté sur son territoire. En même temps, l'état-major russe se trouva privé du puissant soutien des missions militaires des Alliés, obligées de quitter la Roumanie dès que la paix préliminaire fut signée.

Le ministère de la guerre roumain du cabinet Marghiloman donna aussitôt des instructions pour le rassemblement et la conservation du matériel de guerre russe. Sans nier le droit de possession de la Russie, le ministère déclarait qu'il prenait sous son administration ce matériel comme gage garantissant le paiement des dommages subis par la Roumanie, les bolchéviks s'étant emparés à Moscou du trésor d'or roumain et des dépôts roumains au sud de la Russie. En même temps, le ministère de la guerre roumain écartait l'administration russe des entrepôts russes, privait les autorités russes du droit de gérer leurs propres biens et n'autorisait plus que quelques représentants russes à pénétrer dans les entrepôts pour y dresser les inventaires. La Bessarabie une fois réunie à la Roumanie, ces mêmes règlements y furent appliqués. Le ministère de la guerre roumain informa Chtcherbatchef de ces nouvelles mesures, ajoutant qu'il ne permettait ni la formation d'entrepôts russes, quels qu'ils fussent, sur le sol roumain et bessarabe, ni l'exportation du matériel russe en Russie.

Ainsi, tout ce qui appartenait aux anciennes armées russes tomba soudain au pouvoir du ministère de la guerre roumain et les agents russes se trouvèrent dans l'impossibilité de continuer leur travail d'administration. Toutes les protestations adressées à ce sujet au ministère de la guerre roumain et les remontrances des représentants diplomatiques des puissances alliées, restèrent sans effet. Le ministère de la guerre roumain devint en fait maître de tout le matériel de guerre russe.

Dès lors, la besogne des agents russes sur le front roumain consista simplement à inventorier de la manière la plus exacte l'outillage russe saisi par la Roumanie. Malgré des complications nombreuses, l'inventaire fut achevé au commencement de juillet 1918.

Pour nous qui étions en Roumanie, complètement coupés de la Russie, il nous était difficile de juger du bien-fondé de cette main-mise sur notre propriété. Nous ignorions totalement la situation financière mutuelle des gouvernements russe et roumain et, pas plus que le gouvernement roumain, nous n'avions de nouvelles sur le sort de l'or et des dépôts roumains du sud de la Russie. Cependant, je suis porté à croire que si la Russie était débitrice de la Roumanie, cette dernière, de son côté, lui était redevable de ce qui lui avait été fourni durant la guerre. Je pense aussi que cette mesure, rappelant tant d'autres instructions analogues des Allemands, ne fut pas prise de la propre initiative du nouveau gouvernement roumain, elle lui fut probablement dictée par l'état-major allemand de Bucarest. Cette supposition est confirmée par le fait qu'après le traité de Bucarest, le ministère de la guerre roumain se mit non seulement à rassembler avec une énergie nouvelle tout le matériel russe, mais encore à enlever les quelques lamentables débris demeurés aux mains des agents russes. Pour finir, il ne se contenta pas de conserver le matériel, mais il les utilisa. De quel droit ? Je l'ignore, car aucun code n'autorise le créancier à disposer d'un gage.

De tout ceci il résulte qu'on ne saurait considérer comme définitivement réglée la question du matériel de guerre russe resté aux mains du ministère de la guerre roumain. La Roumanie devra en rendre compte. La Russie n'y est pas seule intéressée : une très importante partie de l'outillage en litige lui a été fournie par ses alliés et n'est pas encore payée.

CHAPITRE XXII

Licenciement des états-majors des armées et du front.
Fin de l'armée russe sur le front roumain.

Vers la seconde quinzaine de mars 1918, il ne restait presque plus de soldats russes sur le front roumain. A part quelques rares exceptions, ils avaient tous quitté les lignes et rejoint l'arrière, ou bien, désarmés par les Roumains, ils avaient été dirigés à travers la Moldavie septentrionale sur le gouvernement de Podolie. Sur le front demeuraient seuls les états-majors qui liquidaient la situation.

A ce moment-là, le ministère de la guerre roumain enjoignit aux organes militaires russes de régler au plus vite les affaires en cours, et de quitter le territoire roumain, comme celui de la Bessarabie.

Ces prescriptions poussèrent le général Chtcherbatchef à licencier pour le 1ᵉʳ avril 1918 tous les états-majors d'armée, après avoir nommé dans leur sein des commissions de liquidation. Puis, ayant licencié son propre état-major, Chtcherbatchef se démit de sa charge de commandant en chef des armées russes et s'installa en Roumanie à titre privé. Pour remplacer l'état-major du front, on créa un petit bureau.

Le licenciement des états-majors d'armée et des états-majors subalternes n'alla pas sans obstacles. D'une part, il leur était très difficile de terminer rapidement des affaires et une comptabilité fort négligées ; d'autre part, le personnel lui-même, désireux de prolonger son existence, faisait souvent traîner les choses en longueur. Dans certains cas il fallut même recourir à des mesures énergiques afin de l'obliger à observer les délais fixés.

Comme je l'ai dit dans le chapitre précédent, la besogne relative à la liquidation définitive du matériel consistait à dresser l'inventaire du contenu des entrepôts roumains.

Ce travail était continuellement entravé par le gouvernement de Marghiloman, qui ajournait l'expédition régulière des biens russes, alors qu'en même temps il en transportait sans observer les moindres formalités ni sans consentir à délivrer à qui de droit des accusés de réception. De plus, le ministère de la guerre roumain talonnait les Russes pour obtenir la prompte liquidation des affaires courantes.

C'est dans ces conditions que les bureaux travaillèrent jusqu'au commencement de juillet 1918.

Après leur départ, il ne resta plus en Roumanie qu'une seule institution militaire russe : les archives, comprenant les documents relatifs aux armées russes du front roumain, qu'il était impossible de déplacer. Ces précieux documents ne pouvaient devenir la propriété d'aucun pays détaché de la mère-patrie, ni surtout de celui qui avait trahi ses alliés pour passer dans le camp des Centraux, et qui se serait sans doute empressé de détruire tout ce qui était compromettant pour lui et ses nouveaux amis. C'est pourquoi ces archives furent laissées à Jassy sous la protection du consulat russe.

Sitôt la paix préliminaire conclue avec les Austro-Allemands et notamment après la signature du traité de paix de Bucarest, le gouvernement de Marghiloman, choisi dans le clan conservateur germanophile, se mit à nettoyer avec énergie les dernières traces du séjour des Russes en Bessarabie et en Roumanie ; aussi la situation des Russes obligés par la force des choses à demeurer en ces contrées, devint-elle extrêmement pénible.

Il fut interdit aux officiers russes de porter des armes, ce qui était permis aux officiers de la mission militaire allemande arrivée à Jassy. De plus, seuls les officiers membres d'une commission de liquidation eurent droit à l'uniforme. Cette mesure, peut-être justifiée au point de vue des relations internationales après la conclusion de la paix roumaine, fut très dure pour les officiers russes, en raison de l'impossibilité où ils étaient de se procurer des vêtements civils. Les officiers démobilisés de l'armée roumaine, eux, continuaient à porter leur uniforme, car les autres vêtements atteignaient des prix fabuleux, inaccessibles aux officiers russes, privés de tous moyens d'existence [1].

Très fréquemment, on mit les officiers russes à la porte des appartements qu'ils avaient loués, quand ceux-ci étaient nécessaires à une personne quelconque ayant des attaches avec le nouveau gouvernement. La police roumaine procédait à ces expulsions avec une brutalité inutile. Il était impossible à un Russe de se procurer un logis, sauf en payant des prix fous. On refusait de leur vendre des produits tirés des dépôts de l'intendance russe saisis par les Roumains ; mais ces mêmes produits s'écoulaient en ville dans les magasins à des prix incroyables.

Ainsi, les officiers russes qui avaient passé par

---

[1] En mars 1918, à Jassy, j'ai payé pour un costume plus que modeste 1600 francs. Une paire de bottines coûtait 350 fr., un chapeau 100 fr., un foulard, de 25 à 40 fr.

la douloureuse période où l'armée agonisa, et qui espéraient rencontrer chez leur alliée la Roumanie une hospitalité, si rudimentaire qu'elle fût, loin de pouvoir se reprendre un peu, se virent de nouveau persécutés, et cette fois-ci par leurs anciens camarades.

Ne voulant pas jeter l'ombre même d'un blâme sur la société roumaine en général, j'ai hâte de dire que ce que je viens de relater n'a trait qu'aux milieux partisans des empires centraux ou qui s'empressèrent de le devenir à la signature du traité de paix de Bucarest, sachant que la grande majorité des officiers russes était restée hostile aux Austro-Allemands.

La classe la plus cultivée, demeurée fidèle à ses idéals politiques et à ses alliés, continua à traiter les Russes avec la même sincère amitié qu'au début de la guerre, comprenant parfaitement bien que ces officiers — qui avaient accompli leur devoir sans défaillance — étaient bien innocents des malheurs dont la Roumanie avait été accablée.

Jusqu'au dernier moment de leur séjour en Roumanie, les Russes jouirent de la protection magnanime et bienveillante du roi et de la reine, qui prenaient réellement à cœur leur situation et vinrent à leur aide dans la mesure du possible.

Au commencement de juillet 1918, les derniers

bureaux occupés à la liquidation des armées russes quittèrent le territoire de la Roumanie. D'une armée forte d'un million d'hommes, il ne restait que des tombes innombrables.

Pendant des siècles, ces tombes où dort l'élite de l'ancienne armée russe rappelleront la fraternité d'armes des Roumains et des Russes, et le tragique désastre où sombrèrent tant d'espérances.

CHAPITRE XXIII

*Que faut-il pour que la Russie revive ? — Le rôle
des Alliés et de la France.*

Dans les chapitres précédents, je me suis efforcé
de décrire, telles qu'elles se déroulèrent sous mes
yeux, les phases de la décomposition de l'armée
russe dont la ruine marcha de pair avec la chute de
l'empire. A l'heure où disparut son armée, il ne
restait plus de la puissante Russie que des débris
dont les uns s'effritaient dans l'anarchie, tandis
que le poing allemand écrasait les autres.

Voici le spectacle que le territoire russe présentait au printemps 1918 : une masse informe, la
Grande Russie, gouvernée par une bande de terroristes sous la haute direction de l'Allemagne.
L'Ukraine, la Crimée, la Finlande et les Provinces
Baltiques avaient toutes proclamé leur indépendance pour devenir ensuite de dociles provinces
allemandes ; la Pologne et la Lithuanie, asservies
par les baïonnettes de l'ennemi, continuaient pour-

tant à lutter héroïquement ; la Bessarabie, qui, afin de se défendre contre l'assaut du bolchévisme, renonçait à son indépendance à peine conquise, se joignait à la Roumanie ; une série d'Etats dans le Caucase et de républiques en Sibérie ; enfin l'antique Don, malgré son traditionnel amour pour la liberté et l'indépendance, envoyait des émissaires à Berlin pour y chercher protection, oubliant qu'il avait eu de l'Allemagne le joug en même temps que la liberté. Ce n'est qu'à l'extrême nord et au sein de la Sibérie qu'on retrouvait les vestiges de ce qu'avait été l'Etat russe et qui reprenaient le cours de la vie normale.

Ainsi, tous ces Etats indépendants, nés sur le sol de l'ancienne Russie unifiée, manquaient de viabilité, leurs dirigeants étant sans force matérielle et morale ; l'une après l'autre, ces républiques et puissances tombèrent sous la domination de la Prusse ou bien demeurèrent en proie à la guerre civile et à l'anarchie.

Une fois de plus, la grande révolution russe a montré qu'une armée dans laquelle s'immisce la politique cesse d'être un soutien pour le gouvernement qu'elle doit défendre et devient même un danger. Notre révolution a prouvé également que la ruine de l'armée entraîne infailliblement celle de l'Etat. Même ces parties du pays, telles que la Sibérie et le nord de la Russie d'Europe où se sont constituées des autorités fondées sur la confiance de la population en sa grande majorité, mais ne disposant d'aucune force armée, sont incapables de s'affirmer et de réagir contre les attentats des partis politiques. Leurs gouvernements sont obligés d'appeler à leur aide les troupes de nos alliés.

On conçoit donc que la première étape sur la voie de la renaissance pour la Russie doit être la réorganisation de son armée.

Je me hâte de dire que j'entends par renaissance de la Russie, la régénération de la Russie *une* et *indivisible*, avec une large autonomie pour chacune de ses parties intégrantes, car il m'est impossible de me représenter une Ukraine indépendante, riche en céréales mais sans ports de mer, sans les richesses minières de l'Oural et le pétrole du Caucase, pas plus que je ne me figure la Grande Russie commerciale, privée de ces mêmes trésors minéraux de l'Oural, du blé de l'Ukraine, ou des puits de naphte du Caucase. La Russie ne peut être un Etat puissant et prospère que si elle est une, et si elle conserve toutes les ressources dont la nature l'a si généreusement dotée. Dissociées, ses provinces, si bien pourvues soient-elles chacune dans son domaine, sont condamnées à végéter dans la dépendance économique la plus complète. Et c'est ce que nous voyons déjà maintenant : la Grande Russie souffrant de la disette des céréales, l'Ukraine, du manque de naphte et de produits manufacturés.

La Russie, une et indivisible, doit évidemment avoir une armée solide.

Cependant, à l'heure qu'il est, lui serait-il possible de renaître par ses propres forces ? Hélas ! non. Une partie de l'élite intellectuelle et patriotique a été massacrée ou incarcérée par les bolchévistes, l'autre a pris le chemin de l'exil. Dans ces conditions aucune initiative ne saurait jaillir du pays même en faveur de sa restauration. C'est seulement par un secours venu de l'extérieur que ce qui reste de la saine Russie pourra se regrouper et secouer l'oppression, soit du bolchévisme, soit de l'Allemagne. Sans cet appui, on verra condamnés à l'impuissance les gouvernements patriotiques qui se sont formés ces derniers temps sur différents points, ainsi que les diverses sociétés et ligues constituées à l'étranger pour travailler à la régénération de la Russie.

Malgré tant de malheurs et de catastrophes, tous les vrais patriotes russes ont foi en leurs Alliés et leur sont sincèrement dévoués. Ils comptent surtout sur la France. Cette confiance, on la trouve au même degré dans les couches profondes de la classe paysanne, qui sait fort bien distinguer entre la sympathie désintéressée, l'amitié éclairée de la France, de l'Angleterre et des Etats-Unis, et l'Allemand exploiteur. L'influence germanique, si prolongée, si néfaste au point de vue économique, commercial ou même intellectuel, a laissé dans l'âme du peuple russe des traces trop nuisibles pour qu'il veuille s'y asservir de nouveau. Et puis, personne en Russie ne saurait oublier que c'est grâce aux Allemands que Lénine, Trotski et leur bande ont pu mener le pays à une honte encore inconnue dans l'histoire.

Les espoirs que les patriotes russes fondent sur les Alliés ont encore grandi depuis que l'omnipotence de l'Allemagne a pris fin. La plus ancienne ennemie de la Russie étant vaincue, il faut encore anéantir les bolchévistes, coadjuteurs de l'adversaire.

Pour cela, il est urgent que renaisse avec la Russie l'armée qui en était la force. Tâche extraordinairement ardue dans les circonstances actuelles. L'anarchie a balayé jusqu'aux moindres vestiges de ce que furent les belles troupes russes : l'élite a péri sous la fusillade des maximalistes, et la masse s'est éparpillée sur toute l'étendue du pays, à la recherche du pain quotidien.

Reformer l'armée est aujourd'hui irréalisable sans le concours énergique des Alliés. Cependant, ayant assisté personnellement à l'œuvre admirable accomplie par la mission française qui reconstitua l'armée roumaine pendant l'hiver 1916-1917, je suis convaincu qu'il suffira de très peu de temps pour que les instructeurs français remettent sur pied notre armée, elle aussi, et lui insufflent les hautes qualités morales des soldats de leur pays.

La renaissance de l'armée doit commencer par la formation des cadres auxquels sera confié le matériel sauvé du désastre. On y fera entrer tous ces éléments des anciennes troupes russes demeurés fidèles à la patrie, loyaux envers les Alliés, soldats dispersés un peu partout et n'attendant qu'un appel pour accomplir de nouveaux exploits.

Ces cadres formés, et le matériel indispensable créé, on pourra commencer à édifier les forces armées de la nouvelle Russie.

A n'en pas douter, ces forces prendront tôt ou tard le caractère d'une milice avec des cadres permanents relativement nombreux, système dont le conflit mondial a montré la supériorité sur le militarisme à la prussienne.

Toutefois, tant que dureront la lutte entre partis et les assauts du bolchévisme, la nouvelle Russie ne pourra se passer d'une armée permanente, et seul le degré de viabilité de l'organisation gouvernementale déterminera le passage progressif au système de la milice.

En évitant les erreurs d'avant la révolution, en s'inspirant des nobles exemples de nos Alliés, on verra indubitablement l'armée russe s'engager d'emblée dans une voie salutaire.

Tous les bons esprits en Russie espèrent que la France — notre amie de vieille date — et ses alliés nous aideront à nous acheminer vers le régime gouvernemental régénéré et stable nécessaire à la quiétude et à la prospérité de la nation.

J'écris les dernières pages de mes souvenirs en ces journées historiques où Guillaume II et ses acolytes voient s'écrouler leurs rêves insensés de domination mondiale ; où, par le triomphe d'une juste cause, les nations d'avant-garde vont pouvoir s'occuper d'établir, sur la base de la fraternité, les rapports politiques entre les peuples de l'univers.

Dernière venue en cette humanité nouvelle, la Russie restaurée et transformée saura s'en montrer digne, de même qu'elle se montrera digne de ceux qui l'aideront à faire ses premiers pas dans la voie de la régénération.

CHAPITRE XXIV

Un dernier mot.

Il m'est arrivé fréquemment ces derniers temps
de m'entendre poser cette question : «Comment la
Russie peut-elle se débarrasser des bolchévistes et
rétablir l'ordre sur son territoire ?»

Il va de soi que pour libérer la Russie de ce
fléau, il faut enlever avant tout aux bolchévistes
les moyens qui leur permettent de se maintenir au
pouvoir. Le principal est leur armée rouge ; viennent ensuite ces réserves d'argent et de blé dont
ils se servent pour recruter aussi bien leurs troupes
que leurs fonctionnaires et leurs partisans.

Au début, leur armée ne comprenait que la garde
rouge, très peu nombreuse, groupant quelques élément des anciennes armée et marine russes, qui se
joignirent par conviction, semble-t-il, aux nova-
teurs et leur permirent de renverser sans trop de
peine le gouvernement Kérensky, bavard et mou

qui préférait la voie des compromis à la lutte décisive.

Cependant les rangs de la garde rouge ne tardèrent pas à s'éclaircir après le changement de régime, car les éléments convaincus de cette garde qui avaient accompli la révolution virent bientôt le bolchévisme sous son véritable aspect et se hâtèrent de l'abandonner. Restèrent seuls, d'une part, les matelots qui, dès les premiers jours de la révolution, avaient saisi les avantages du régime bolchéviste, et d'autre part, les troupes lettones qui trouvaient enfin l'occasion de satisfaire leur haine séculaire à l'égard des représentants de la bourgeoisie et du capitalisme et de se venger de leurs oppresseurs de souche allemande dans la province Baltique. Ces groupes de matelots et de Lettons ne tardèrent pas à être renforcés par les pires éléments de la classe ouvrière, qui aimaient naturellement mieux palper un gros salaire (en sus de la subsistance et du logement) sans rien faire, plutôt que de gagner leur vie en travaillant dans les usines et les fabriques.

Mais les chefs bolchévistes se rendirent compte qu'une garde rouge ainsi constituée ne pouvait leur servir de solide rempart et qu'elle ne serait pas en état de résister aux assauts dont ils étaient déjà menacés de l'intérieur comme de l'extérieur. Au printemps de 1918, au nord, au sud et à l'est de la Russie, commencèrent à se former et à se grouper des légions patriotiques russes assez importantes, résolues à lutter impitoyablement contre le bolchévisme ; en même temps, les rébellions contre le nouveau régime devenaient toujours plus fréquentes et plus graves.

Tous ces motifs poussèrent Lénine et Trotski à s'atteler à l'organisation d'une grande armée rouge, tout autant pour parer aux dangers menaçants du dehors et du dedans que pour établir par le fer et par le feu la révolution sociale mondiale.

Pour créer une armée capable d'accomplir des tâches aussi vastes, il fallait aux bolchévistes en premier lieu des organisateurs qu'ils ne pouvaient trouver que dans les rangs du haut commandement de l'ancienne armée, car la révolution n'avait mis en évidence aucun organisateur ; elle n'avait fourni que des destructeurs. Dès les premiers jours de la révolution bolchéviste, on avait vu paraître parmi les nouveaux dirigeants quelques généraux de l'ancien régime, qui se joignirent aux bolchévistes moins par conviction que pour la satisfaction de leurs intérêts personnels, fût-ce même au prix d'une trahison. Ces traîtres, les généraux Bontch-Brouievitch, Sviétchine (Alexandre), Odintzef, Wladimir Jégorief, Samoylo, Sytine, Parsski, etc., comme le capitaine de marine Dolivo-Dobrovolsky, offrirent leurs services aux bolchévistes, au moment où des milliers de leurs camarades et parmi eux des centaines d'anciens généraux préférèrent mourir plutôt que de trahir leur patrie. Mentionnons entre autres, l'héroïque général Skalon, contraint par Bontch-Brouiévitch à se rendre à Brest-Litovsk avec les délégués bolchévistes pour y signer un traité de paix honteux, se suicidant pour ne pas participer à cet acte infâme.

C'est avec le concours de ces lâches, étroitement surveillés par des commissaires qui malgré tout se méfiaient d'eux, que fut créée l'armée rouge. D'après ce que nous savons, elle atteindrait maintenant le chiffre de 500 000 hommes.

Comprenant qu'il leur manquait le facteur moral capable de soulever les masses, les bolchévistes les attirèrent à eux par l'appât d'une solde allant jusqu'à 600 roubles par mois, en sus d'une abondante nourriture et de bons vêtements, c'est-à-dire en donnant à leurs soldats ce dont manque la population. On comprend que ces avantages séduisirent du coup les miséreux et notamment les éléments les moins recommandables.

Reconnaissant d'autre part, que sans la discipline (qu'ils avaient supprimée dans l'ancienne armée avec le bienveillant concours des ministres de la guerre du gouvernement provisoire) la nouvelle armée ne pouvait exister et qu'elle deviendrait même dangereuse pour eux, les bolchévistes remirent en vigueur les rigoureux règlements des siècles passés : dans leur armée rouge, le seul châtiment est celui de la peine de mort, que l'on encourt pour le délit le plus insignifiant aussi bien que pour la trahison envers les bolchévistes.

Comme le commandement désigné par élection se montra incapable d'exécuter les opérations même les moins compliquées, les bolchévistes firent appel à des officiers de l'ancienne armée, qu'ils obligèrent sous peine de mort immédiate ou de mort lente par la famine à entrer dans les rangs des troupes rouges. Ces derniers temps, de nombreux officiers détenus en prison furent relâchés avec ordre de rejoindre dans les quarante-huit heures les régiments où les bolchévistes les nommaient ; les défaillants furent fusillés sans autre forme de procès.

Evidemment, ces malheureux officiers ne jouissent d'aucun pouvoir dans l'armée rouge, pas plus d'ailleurs que leurs camarades de l'ancienne armée entrés de gré ou de force dans la nouvelle ; instructeurs techniques, ils se trouvent sous l'incessante surveillance des agents de la sûreté bolchévistes, subordonnés des commissaires politiques ; ces derniers détiennent tout le pouvoir dans l'armée rouge ; ils veillent à ce que les officiers donnent l'instruction voulue aux soldats. En octobre 1918, tous les chefs furent interrogés sur la manière dont ils envisageaient l'intervention des Alliés et sur leurs intentions au cas où leurs troupes entreraient en contact avec ceux-ci. Inutile de dire que toutes les réponses furent rédigées dans un sens favorable aux bolchévistes, en apparence tout au moins.

De cette façon, les bolchévistes parvinrent à trouver des officiers pour leur armée et même un commandant suprême, à la hauteur de sa tâche. A l'heure actuelle, les cadres de l'armée rouge comptent un nombre assez considérable de généraux et d'autres officiers supérieurs de l'ancienne armée, tel le général Scheideman qui commandait une armée au début de la guerre. Il est bien difficile de savoir quels sont ceux qui s'enrôlèrent volontairement et ceux qui y furent forcés. Quoi qu'il en soit, pour ces serviteurs des bolchévistes, il n'y aura pas de place dans la future armée nationale russe.

* * *

Ainsi la force armée rouge ne repose sur aucune base solide : il lui manque le patriotisme et tous les idéals sociaux et nationaux ; elle n'a que l'argent, le blé et la peur de la mort. Ceux qui la dirigent sont, d'une part, les commissaires bolchévistes et des officiers ayant trahi l'ancienne armée, et d'autre part, des hommes obligés, sous peine de mort, de servir dans les rangs des bolchévistes.

Une armée nationale vraiment patriote aurait aisément raison du ramassis des forces bolchévistes. Mais pour vaincre il lui faut une série de facteurs moraux et de moyens matériels sans lesquels elle ne peut rien.

Parmi les facteurs moraux, il faut mettre en première ligne l'unité dans la poursuite du but à atteindre, l'unité des opérations, un patriotisme élevé et la résolution inébranlable de ramener l'ordre et la légalité dans le pays; cette armée nationale doit en second lieu être parfaitement organisée et disciplinée. On pourrait énoncer ces exigences comme suit :

1) le but politique immédiat des troupes nationales est d'affranchir la patrie du régime bolchéviste et d'y rétablir l'ordre et la légalité sans se préoccuper de la future organisation gouvernementale de la Russie.

2) Toutes les armées nationales visant le but plus haut cité doivent se soumettre à un commandant en chef unique, relevant d'un organe central politique, soit le Conseil national russe; celui-ci représente les divers gouvernements patriotiques locaux de la Russie.

3) Toutes les armées nationales et les unités les

composant doivent avoir une organisation bien coordonnée; une stricte discipline doit y régner.

4) Ne doivent pas être admis dans les armées nationales les hommes qui se sont compromis, ni les aventuriers politiques et militaires de toute espèce.

Tout ceci peut être réalisé sans concours extérieur. Il n'en est pas de même des moyens matériels; là l'aide des Alliés est indispensable.

Toutes les informations qui nous parviennent des armées des généraux Denikine et Krassnof opérant au sud de la Russie contre le bolchévisme, démontrent à l'évidence que ces armées souffrent d'un manque absolu d'argent, de munitions, de canons, d'équipements et même de vivres. Les hommes ne touchent qu'une solde dérisoire et leurs familles se trouvent dans la misère. L'insuffisance des ressources pécuniaires ne permet pas d'augmenter l'effectif des régiments. Fusils, canons, projectiles, cartouches et autres moyens techniques sont très mesurés et le matériel de pansement et les médicaments font totalement défaut. Tous les arsenaux, toutes les usines de guerre se trouvent aux mains des bolchévistes; des énormes réserves en matériel de l'ancienne armée active, les armées Denikine et Krassnof n'ont eu à leur disposition qu'une partie infime déjà utilisée depuis longtemps. Et ces armées Denikine et Krassnof sont littéralement obligées de se battre les mains vides contre les bolchévistes. Il ne faut pas chercher ailleurs la cause de l'échec de ces troupes héroïques; ce sont probablement les mêmes raisons qui limitent l'activité des armées de Sibérie et du nord (Mourman-Arkhangel).

Au commencement de l'année 1918, sous mes yeux et avec mon concours, on forma sur le front roumain une brigade de volontaires russes presque exclusivement composée d'officiers en service dans les lignes. Grâce aux quantités d'armes et de munitions se trouvant à proximité, il fut possible de lui fournir un matériel très complet, et, au mois de mars déjà, elle quittait la Roumanie et se dirigeait vers le Don pour y rejoindre l'armée Denikine. Quoique, à cette époque, les voies ferrées et les territoires qu'elle devait traverser fussent occupés par les troupes austro-hongroises et par les bolchéviks, la vaillante brigade d'officiers, commandée par le colonel Drosdovsky, après une série de combats acharnés, parvint à gagner le Don et à se souder à l'armée Denikine[1].

Si les circonstances empêchent les Alliés d'aider par la force des armes la Russie à renverser les bolchévistes, il leur est aisé en revanche de lui fournir les moyens matériels sans lesquels elle ne saurait songer à vaincre les hordes de Lénine. Ce secours,

[1] Voir page 170.

nous, Russes restés fidèles aux Alliés, nous qui avons combattu pendant trois ans sur les champs de bataille contre l'ennemi commun et pour la cause commune, nous le demandons en faveur de ceux qui, en 1914, 1915 et 1916, ont pris l'offensive dans les conditions les plus défavorables, sans murmurer, avec enthousiasme même, lorsque la situation critique du front des Alliés demandait des opérations actives sur le front russe.

Ce secours matériel devrait comprendre des ressources financières, des armements et des munitions, des effets d'équipement et enfin des vivres.

Le concours financier des Alliés pourrait peut-être s'effectuer sous la garantie de ce fonds d'or russe que l'Allemagne à dû rendre à la France, en vertu des conditions de l'armistice.

Quant à la question de la fourniture des armements, des munitions, des équipements, etc., elle peut se résoudre encore plus facilement. Sans parler des immenses réserves qui restent sans emploi chez les Alliés, étant donnée la cessation de la guerre, ceux-ci peuvent disposer de tout le matériel russe qui, au printemps 1918, dut être remis dans les entrepôts roumains sur l'ordre du ministère de la guerre roumain, par l'administration militaire russe sur le front de Roumanie... Pour les armées Denikine, Krassnof et Koltchak, ce serait un secours immédiat et très important. Dans le chapitre XXI du présent ouvrage, j'ai exposé comment ce matériel très complet prit le chemin des dépôts roumains. Cette propriété militaire russe se composait de milliers de canons, lourds et légers, de projectiles assortis par centaines de mille, d'une masse de carabines et de cartouches, de mitrailleuses, de lance-bombes, de grenades à mains, de fourgons et ambulances automobiles, de matériel médical, de réserves d'équipement, d'aéroplanes, d'automobiles blindées, de trains sanitaires, etc.

Les armées Denikine, Krassnof et Koltchak ont grand besoin de tout cela. En le leur restituant, on ferait un acte de justice et de charité à l'égard des patriotes dont elles se composent et qui depuis une année déjà, sans aucun appui, isolés même un temps du reste du monde, mènent une lutte héroïque et désespérée, contre ceux qui asservissent la patrie et la ruinent.

TABLE DES MATIÈRES

Pages

SERGE PERSKY

DE NICOLAS II A LÉNINE
Un vol. de 366 pages. Prix : **5 fr.**

Ceux qui suivent (et qui ne le fait pas ?) les phases de la tourmente où se débat, depuis bientôt deux ans, l'infortunée Russie, trouveront dans **De Nicolas II à Lénine** de quoi s'éclairer sur les misères, sur les horreurs dont elle souffre depuis la révolution. Ils y trouveront un tableau achevé du banditisme bolchevik.

De Nicolas II à Lénine de M. Serge Persky est un livre à recommander chaleureusement à toute famille, car il montre lumineusement ce que ce régime de désordre fait d'une nation qui se laisse gagner par ses mensongères promesses.

LE LIEUTENANT DEMIANOF
par le Comte ALEXIS TOLSTOÏ.

Traduction SERGE PERSKY.

Un vol. in-16. **4 fr. 50.**

... Je recommande les récits de guerre qu'a publiés le comte Alexis Tolstoï sous ce titre : *Le lieutenant Demianof*. Ah ! les beaux récits, nés sous les étoiles, écrits à la lueur d'un pauvre foyer de soldat !...
ÉDOUARD HERRIOT.

CONTES D'ITALIE
par MAXIME GORKI.   Traduction SERGE PERSKY.

Un vol. in-16. **4 fr. 50.**

C'est en dehors de son pays que le célèbre écrivain russe a puisé cette fois son sujet. C'est un Gorki nouveau qui se révèle, un Gorki tout aussi puissant, qui n'a rien perdu de sa saveur originelle et de sa prenante psychologie.

JUDAS ISCARIOTE
par LÉONID ANDRÉIEF.   Traduction SERGE PERSKY.

Un vol. in-16. **4 fr. 50.**

Deux nouvelles d'une beauté angoissante et qui occupent, dans l'œuvre d'Andréief, une place à part.